LA
BARONNE
TRÉPASSÉE

PAR

LE VICOMTE PONSON DU TERRAIL,

Auteur des Coulisses du Monde, l'Héritage d'une Centenaire, etc.

1

PARIS,
BAUDRY, LIBRAIRE-ÉDITEUR

De Paul de Kock, Alphonse Karr, Léon Gozlan, Mme la comtesse Dash, Dumas,
Emm. Gonzales, Mme Camille Bodin, Théophile Gautier, Méry, etc., etc.

32, RUE COQUILLIÈRE, 32.

LA
BARONNE
TRÉPASSÉE.

A LA MÊME LIBRAIRIE, EN VENTE.

NOUVEAUTÉS :

LES AMOURS DE BUSSY-RABUTIN,

Par Madame la Comtesse Dash,

Revue piquante de la première moitié du dix-septième siècle, élégant reflet des Conteurs de Cape et d'Épée de la place Royale ou de la Chambre bleue d'Arthénice (roman complet en 4 volumes in-8°). — PRIX NET : 15 fr.

FRANCINE DE PLAINVILLE,

Est une de ces études de la vie intime et de bonne compagnie, comme Madame Camille Bodin seule a le secret de les tracer.

Ouvrage complet, en 3 volumes in-8; — PRIX NET : 12 fr.

LA TULIPE NOIRE,

D'Alexandre Dumas père,

Renferme un des récits les plus drôlatiques, les plus poétiques et les plus attendrissants à la fois qu'ait jamais conçus la plume de notre grand romancier.

Ouvrage complet, en 3 volumes in-8; — PRIX NET : 13 fr. 50 c.

JEAN ET JEANNETTE,

De Théophile Gautier,

C'est-à-dire Watteau, Boucher et Crébillon fils; les Bergères à chignons poudrés et les Bergers en chemises de batiste, les talons rouges, les camaïeux, les glaces dauphines : en un mot, le dix-huitième siècle dans sa plus coquette afféterie, dans sa toilette la plus mignonne, et par-dessus tout cela, ce tour naïf, ce style brillant, cette allure primesautière de l'esprit qui ont conquis à M. Théophile Gautier une place si élevée parmi les littérateurs contemporains

Ouvrage complet, en 2 volumes in-8; — PRIX : 9 fr.

LES DEUX FAVORITES,

SUITE ET FIN

D'ÉSAÜ LE LÉPREUX, par Emmanuel GONZALES,

Cet habile et dramatique Walter-Scott des Chroniques espagnoles.

Ouvrage complet, en 3 volumes in-8; — PRIX : 13 fr. 50 c.

LA
BARONNE
TRÉPASSÉE

PAR

LE VICOMTE PONSON DU TERRAIL,

Auteur des Coulisses du Monde, l'Héritage d'une Centenaire, etc.

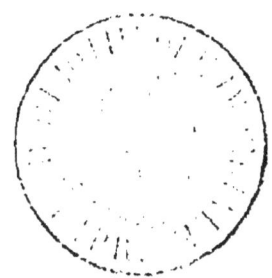

1

PARIS,
BAUDRY, LIBRAIRE-ÉDITEUR

De Paul de Kock, Alphonse Karr, Léon Gozlan, Mme la comtesse Dash, Dumas, Emm. Gonzalès, Mme Camille Bodin, Théophile Gautier, Méry, etc., etc.

32, RUE COQUILLIÈRE, 32.

1853

Paris, Imprimerie de Paul Dupont,
rue de Grenelle-St-Honoré, 44.

PROLOGUE.

I.

— Duchesse !
— Baron...
— Avez-vous des nouvelles de monseigneur le régent ?
— Aucune, depuis hier.

—Cela m'inquiète sérieusement, ma pauvre duchesse, et je crains fort...

— Ne craignez rien, baron, votre nomination doit être signée à cette heure.

— Dieu vous entende, duchesse !

— Vous tenez donc bien, cher, à ce gouvernement ?

— Dam ! duchesse, jugez-en vous-même. J'ai fait appeler mon intendant hier soir, et je lui ai demandé un exposé succinct et clair de mes affaires...

— Je devine, vous êtes ruiné...

— Mieux que cela, duchesse, j'ai un million de dettes et plus de crédit.

— Vous ne paierez pas vos dettes, mon pauvre baron.

— J'y ai déjà songé, duchesse ; mais comment en ferai-je d'autres ?

— Enfant ! puisque vous allez être gouverneur de la province de Normandie pour Sa Majesté le roi Louis XV.

— Très-bien. Mais si je ne le suis pas ?...

Et le baron, qui était encore au lit, allongea sa main fine et aristocratique vers le guéridon qui se trouvait à son chevet, y prit sa boîte d'or et barbouilla coquettement son jabot de cette poudre jaune qu'on nommait le tabac d'Espagne.

La duchesse, assise dans un grand fauteuil à dossier rembourré, frappa le parquet du bout de sa mule à talon avec un petit air impatient, et répondit :

— Savez-vous que vous êtes un impertinent, baron ?

— En quoi, s'il vous plaît, duchesse ?

— La question est plaisante ! Comment ! vous doutez de mon crédit ?

— Ah ! duchesse !

— Sans nul doute. Car vous supposez que vous pourriez ne pas être nommé...

— Dieu m'en garde ! Mais peut-on tout prévoir ? Sommes-nous à l'abri d'un coup de pistolet qui tuera le régent ? Pouvons-nous répondre que tantôt, quand vous sortirez d'ici, monsieur Saint-Simon, ce pauvre duc qui dort sur les deux oreilles en songeant à vous, ne viendra pas à longer la rue, et, vous reconnaissant, malgré votre loup, ne s'imaginera pas que vous avez passé la nuit ici ?

— Oh ! l'horreur !

Le baron sourit.

— Je sais très-bien, dit-il, que tout le monde, excepté lui, a le droit de savoir que vous avez pour moi quelques bontés, mais enfin...

— Soyez tranquille, baron, le duc n'a jamais émis un doute que sur la fidélité de sa femme. Je ne la suis pas...

— C'est fort heureux pour mon gouvernement.

— Vous trouvez ?

— Mais oui. La duchesse a quarante-huit ans sonnés. Si j'étais obligé de recourir à elle et non à vous, qui avez à peine la moitié de son âge, il me faudrait un courage que je n'ai pas.

— Flatteur! murmura la duchesse, en portant sa petite main, qui sortait d'un flot de dentelles, à la bouche du baron.

— Ainsi, je puis espérer...

— Sans la moindre crainte.

— Et dormir sur mes deux oreilles...

— Quand je serai partie, baron.

— Oh, pas avant, duchesse.

— Mon Dieu! fit ingénument la duchesse, vous êtes si peu courtois, messieurs, depuis la mort du grand roi...

— Il vous est difficile d'en juger, duchesse; car c'est un temps dont vous ne vous souvenez pas, j'en suis sûr.

— Il est vrai, minauda la duchesse, qui comptait trente hivers sonnés, que j'étais bien jeune alors.

— Étiez-vous née?

— Oh! baron, que cette phrase sent votre amour pour un gouvernement.

Le baron sourit.

— Ma belle amie, dit-il, si l'on me donnait à choisir de vos beaux yeux ou de mon gouvernement...

— Vous opteriez pour le gouvernement, j'en suis sûre.

— Non pas. Mais comme aujourd'hui

le ciel met l'un et l'autre à ma disposition... vous me le dites du moins,..

— Pour le gouvernement, je puis vous assurer...

— Mais vos yeux...

— Ingrat ! fit la duchesse avec une moue charmante et dirigeant son regard vers la pendule-rocaille de la cheminée, vous voyez bien qu'il n'est pas midi... Serais-je ici d'aussi bonne heure ?

— Donnez-moi vos mains de fée, duchesse, et venez vous asseoir ici, là... tout près.

— Que vous êtes enfant !...

— Je vais vous faire une confidence...

— Bah ! quelque intrigue nouée aux Porcherons et dénouée...

— Nulle part, duchesse. On veut me marier...

La duchesse qui était assise sur le bord du lit se leva vivement, et alla se replacer dans son fauteuil avec un froncement de sourcils et un air boudeur qui flattèrent à un haut degré l'amour-propre du baron.

— Ah ! dit-elle, et... avec qui ?

— Oh ! ne soyez point jalouse, duchesse... Ce n'est vraiment pas la peine... C'est une fille de traitant...

Le minois chiffonné de la duchesse s'épanouit aussitôt :

— La chose serait grave si vous n'étiez Nossac, mon cher baron, dit-elle.

— Mon Dieu ! fit insoucieusement le baron de Nossac, car c'était lui que nous trouvons ainsi couché et admettant à son petit lever la duchesse d'A..., je sais bien que ce serait une mésalliance...

— Une énormité !

— Mais, que voulez-vous? les mésalliances sont de mode depuis tantôt un siècle.

— Vous trouvez? fit madame d'A..., dont le front se rembrunit et qui pâlit aussitôt.

— Sans doute, duchesse, la reine Anne d'Autriche n'a-t-elle pas épousé Mazarin?

— Secrètement, baron.

— D'accord, mais qu'importe ! La Grande Mademoiselle n'a-t-elle pas épousé Lauzun, Louis XIV la Maintenon, monseigneur le régent n'a-t-il pas semblable peccadille dans sa famille ?...

— Ainsi donc, fit la duchesse qui se leva courroucée, vous auriez le courage...

—Je ne dis pas cela, duchesse, puisque

vous m'obtenez un gouvernement; mais enfin... si je ne l'avais pas... que diable! mon futur beau-père aurait assez d'or...

— Pour vous faire oublier sa roture, n'est-ce pas? Vraiment, fit la duchesse indignée, les gentilshommes s'en vont!

— Quand ils n'ont pas de gouvernement, duchesse.

— Et, fit-elle en prenant un ton dédaigneux et moqueur, qui donc vous a proposé ce mariage?

— Simiane, duchesse; il est assez bon gentilhomme, ce me semble...

— Pour encanailler ses amis, n'est-ce pas? Le sacrifice est fort noble.

— Il m'offrait une femme jolie, spirituelle, de bonnes manières, et affligée de je ne sais combien de millions.

— Acceptez-la, monsieur, fit la duchesse en se pinçant les lèvres; je ne m'opposerai jamais... à votre bonheur...

— Fi ! duchesse, la vilaine bouderie... J'ai refusé.

— Net ? demanda la duchesse avec un éclair de joie qui brilla dans ses grands yeux bleus.

— A peu près, Simiane doit revenir aujourd'hui.

— Et vous refuserez encore ? fit madame d'A.... en allant s'asseoir sur le bord du lit et prenant dans ses petites mains la tête poudrée du baron.

— C'est selon, répondit monsieur de Nossac; si j'ai mon gouvernement...

La duchesse se leva et retourna à son fauteuil.

— C'est flatteur pour moi, murmura-t-elle. Oh ! l'affreux baron !... oh ! l'ingrat !

— Ma petite duchesse, dit le baron avec un calme héroïque, j'ai coutume de recevoir ma maîtresse dans mon hôtel et de l'aller voir dans mon carrosse. Si je n'ai pas mon gouvernement et si je refuse les millions de la femme qu'on me propose, mon hôtel sera vendu et mon carrosse avec mon hôtel.

— C'est juste, dit la duchesse, mais vous aurez votre gouvernement.

— Je ne demande pas autre chose, duchesse.

— Et je cours chez le duc.

— Allez, duchesse.

— Et vos lettres-patentes vous seront expédiées dans une heure.

— J'y compte, duchesse.

Et sans rien perdre de son flegme,

le baron de Nossac indiqua du doigt la pendule.

— Je vous donne une heure de plus, duchesse, fit-il; il est midi; Simiane sera ici à une heure, il y restera jusqu'à deux.

— Eh bien! dit madame d'A..., si à deux heures vos lettres de marque ne sont point arrivées, vous aurez votre parole libre...

— Je ne vous l'ai point donnée, duchesse, mais je vous la donne.

— Un moment, exclama madame d'A... en se levant, j'exige de vous un autre serment.

— Lequel?

— C'est que si vous vous mariez...

— Ah! duchesse, vous ne l'espérez pas.

— Non, sans doute; mais peut-on tout prévoir?

Et un fin sourire plein de moquerie glissa sur les lèvres cerises de la duchesse.

— Méchante !

— Si vous vous mariez, reprit-elle, vous vous engagez, dès aujourd'hui, à m'accorder vingt-quatre heures encore.

— Oh! de grand cœur, ma belle amie.

— Vingt-quatre heures à mon choix, bien entendu?

— Comment cela?

— C'est-à-dire qu'à l'heure où je me présenterai devant vous, de nuit ou de jour, en vous disant : — Baron, il me faut mes vingt-quatre heures, — à cette heure-là, si nous sommes dans la rue, vous monterez dans mon carrosse; si nous sommes chez vous, vous prendrez votre feutre et votre épée, et me suivrez.

— Et si je suis ailleurs?

— Également, baron.

— Ma foi! exclama monsieur de Nossac, je n'y vois aucun inconvénient. Duchesse, je vous donne ma parole de gentilhomme d'être votre esclave pendant vingt-quatre heures, et de vous suivre partout où vous le voudrez durant ce laps, et de vous obéir aveuglément.

— A partir du jour où j'apprendrai votre mariage?

— Soit, dit le baron.

Puis il ajouta :

— Voici un serment bien inutile, duchesse.

— Qui sait? fit-elle en lui tendant la main. Adieu...

—A revoir, duchesse !

La duchesse fit quelques pas vers une petite porte que masquait la tapisserie, l'ouvrit et disparut...

Cette porte donnait sur un mystérieux escalier qui descendait dans les jardins, — lesquels jardins se trouvaient à peu près sur le même emplacement où s'élèvent maintenant les rues du Helder et de Provence.

L'hôtel où monsieur le baron de Nossac recevait la duchesse d'A..., maîtresse du vieux duc de Saint-Simon et jouissant d'une grande faveur, — était, on le voit, *sa petite maison.*

II.

Monsieur le baron Hector de Nossac était un jeune homme de vingt-six ans, d'excellente noblesse, de bonne tournure, d'un esprit léger, d'un courage éprouvé et jouissant à la cour de la réputation d'homme à bonnes fortunes. Jamais réputation n'avait été plus méritée.

Le baron était beau, magnifique, inconstant, joueur, querelleur, et il possédait un faible déterminé pour le tabac d'Espagne et le vin d'Aï.

La duchesse du Maine l'avait affilié à l'ordre de la Mouche à miel; il avait trempé dans la conspiration Cellamarre, et Dubois l'avait fait enfermer à la Bastille. A la mort du digne cardinal, Simiane l'avait réconcilié avec le régent et le régent lui avait donné un régiment.

Une œillade de madame de Phalaris l'avait rebrouillé avec le duc d'Orléans, et le duc d'Orléans lui avait retiré son brevet.

Un oncle, comme on n'en voit plus, était mort à point le lendemain de sa disgrâce, lui laissant deux cent mille livres de rente.

Le baron avait dépensé en six mois lesdites rentes et quelque chose de plus, avec *ces demoiselles* de l'Opéra. Alors il avait songé à se remettre bien en cour, — et, pensant que pour cela il était absolument nécessaire qu'il se fît une maîtresse convenable, il avait jeté son dévolu sur la duchesse d'A..., laquelle, au seuil de l'histoire que nous allons vous conter, était sur le point d'obtenir pour lui le gouvernement de la province de Normandie. Or, le jour où nous venons de voir le baron de Nossac causant, de son lit, avec la duchesse d'A..., était précisément le 2 décembre 1723.

Tandis que la duchesse gagnait son carrosse, qui l'attendait à la petite porte des jardins, un autre carrosse entra par la porte-cochère, un gentilhomme de haute-mine, quoique fort maigre, en descendit, et se fit à l'instant conduire auprès du baron.

Ce gentilhomme était monsieur de Simiane.

— Ah ! te voilà, cher, dit négligemment le baron.

— Oui, répondit vivement Simiane.

— Mon Dieu ! comme te voilà l'air effaré... Que t'arrive-t-il, marquis ? d'où sors-tu ? Quelque mari de mauvaise compagnie t'aurait-il fait bâtonner par ses gens ?

— Mon cher, dit Simiane, sans répondre à la question assez impertinente de Nossac, il n'est que temps de te marier.

— Tant pis ! mon cher, je ne me marierai pas ; j'ai mon gouvernement.

— Tu crois, baron ?

— J'en suis très-sûr.

— Et moi, je suis sûr du contraire. Le Régent n'a pas eu le temps de signer tes lettres.

Monsieur de Nossac fit un soubresaut :

— Qu'est-ce que cela signifie, marquis ! et que veut dire ce *n'a pas eu le temps?*

— Non, car le Régent est mort cette nuit.

Le baron poussa un cri.

— Il est mort d'apoplexie chez madame de Phalaris, où il se trouvait.

— Mais tu rêves, marquis ; c'est impossible ; la duchesse d'A... sort d'ici et n'en savait rien.

— Il y en a bien d'autres qui ne le sa-

vent pas... On ne le saura que demain.
Et tiens, je parie qu'avant ce soir la duchesse d'A... sera arrêtée.

— Pourquoi cela, marquis?

— Parce qu'elle est l'ennemie jurée de madame de Prie.

— Eh bien?

— Ah çà! mais d'où sors-tu, mon cher? exclama Simiane. Ne sais-tu pas que la marquise de Prie est la maîtresse du duc de Bourbon?

— Oui, bien.

— Alors, je vais t'apprendre autre chose : le duc de Bourbon est premier ministre.

Le baron pâlit.

— Monseigneur de Fréjus, continua Simiane, s'est généreusement effacé. Ce prélat tout confit n'est jamais pressé. Mais, sois tranquille, il ne perdra rien pour attendre.

— En sorte que mon gouvernement...

— Fais-en ton deuil, c'est le plus sage.

— Et ce mariage?...

— Il faut y renoncer ou le conclure sur l'heure.

— Pourquoi cela ?

— Parce que mons Borelli, le fermier des gabelles, qui croit faire un marché d'or en te donnant sa fille aujourd'hui et a vent de ton gouvernement, se rétractera demain, quand il te saura en disgrâce.

— Mais, mon cher marquis, on ne se marie point du jour au lendemain.

— On se marie du soir au matin. Consens, et tu seras marié ce soir.

— Vraiment ?

— Je m'en charge. Je ferai entendre au bonhomme Borelli qu'il est de sa dignité de paraître te donner sa fille avec un désintéressement complet, et avant ta nomination au gouvernement de Normandie.

— Bravo !

— Ainsi, je puis tout préparer ?

Le baron consulta la pendule.

— Attends dix minutes, dit-il. Si à deux heures mon brevet n'est pas arrivé tu auras ma parole.

— Très-bien.

— La mort du régent ne sera donc pas connue aujourd'hui ?

— Non, il y a des mesures à prendre. Tu seras marié ce soir, à minuit, et tu emmèneras ta femme, si bon te semble, dans n'importe quel château.

— Du tout, je resterai à Paris.

— Le mariage se fera chez le père, île Saint-Louis, sans pompe...

— Du tout, je veux une fête splendide ; je ne m'encanaille pas dans les ténèbres ; je veux faire les choses en plein jour.

— En pleine nuit, du moins.

— Soit. Tu te chargeras des invitations. Ceux qui ne viendront pas m'indiqueront ma conduite pour l'avenir.

— Oh ! sois tranquille ; les mésalliances sont assez de mode pour que tout le monde vienne. D'ailleurs ta femme est assez belle...

— Ah ! vraiment?... Du reste, cela

m'est assez indifférent... pour ce que j'en veux faire...

— Elle a un grand air et une beauté qui ne messiéront nulle part. Nous lui aurons un tabouret après la bourrasque.

Deux heures sonnèrent ; la porte s'ouvrit.

— Ah ! mon Dieu ! s'écria le baron, voici mon brevet.

Le baron se trompait. C'était simplement le valet de chambre du duc d'A... qui venait l'avertir confidentiellement que la duchesse avait été arrêtée dans son carrosse, il y avait une heure, au moment où elle rentrait à son hôtel.

— Pauvre duchesse ! fit le baron avec philosophie.

— Que dis-tu, cher ? demanda Simiane.

— Je dis, marquis, répondit flegmatiquement le baron, que tu peux tout préparer; j'épouserai ce soir mademoiselle Borelli.

III.

Mademoiselle Hélène Borelli, fille du fermier des gabelles de ce nom, avait vingt-trois ans, une tête grecque, de grands yeux noirs bordés de longs cils, des yeux de velours, comme on dit; une taille bien prise, assez haute, des mains de statue et une peau d'une blancheur éblouissante et si mate que lorsqu'elle était immobile on l'eût volontiers prise pour une madone de marbre.

A deux heures de l'après-midi, monsieur le baron de Nossac n'avait pas vu sa femme encore; à quatre, il lui fut présenté; à six, il dînait avec elle chez son beau-père futur, et à onze il montait en carrosse pour aller à Saint-Germain-l'Auxerrois, où le petit abbé de Morfrans, son cousin, célébrerait la messe de mariage.

— Eh bien ? demanda Simiane au baron, au moment où il conduisait sa fiancée à son carrosse, comment la trouves-tu ?

— Ma foi, cher, dit le baron avec

fatuité, elle est assez belle, et je crois que je l'aimerai un grand mois tout de suite.

— Monsieur le baron, lui dit Hélène d'une voix douce, je désirerais fort causer dix minutes en tête-à-tête avec vous. Voudriez-vous prier votre ami, le marquis de Simiane, de monter dans le carrosse de mon père ?

— Marquis, dit tout bas monsieur de Nossac à Simiane, c'est le premier entretien et le dernier, sans doute que j'aurai seul à seul avec mademoiselle avant qu'elle soit ma femme...

— Je te comprends, baron ; ne te gêne pas...

Et Simiane monta près du fermier des gabelles, qui s'épanouissait dans son habit brodé d'or sur les coussins de brocard de son carrosse.

Le beau monde de la ville et de la cour était prié au souper de noces chez le bonhomme Borelli, mais le marquis de Simiane avait eu le tact exquis d'inviter peu de personnes à la messe de mariage.

Il n'y avait donc qu'une dizaine de carrosses à la suite de celui des futurs époux.

— Monsieur le baron, dit Hélène à son mari, quand le leur s'ébranla, onze heures sonnent, nous ne serons mariés qu'à minuit.

— Cette heure est un siècle, mademoiselle, répondit courtoisement le baron.

— Voulez-vous me permettre un quart-d'heure de conversation sérieuse ?

— Je suis tout à vos ordres.

— Et me répondre avec une entière franchise ?

— Foi de gentilhomme !

— Eh bien ! monsieur le baron, je serai franche aussi. Mon père a voulu notre mariage, par ambition et par orgueil. Moi, au contraire...

La jeune fille hésita.

— Vous ? interrompit le baron.

— Si je n'étais si près d'être votre femme, je n'oserais vous l'avouer : c'est par amour.

— Ah ! mademoiselle, fit le baron avec joie, vous me connaissiez donc ?

— Je vous ai vu une heure, il y a deux mois. Or, monsieur, je sais bien que vous ne pouvez m'en dire autant, et que ce mariage n'est pour vous...

— Ce mariage, interrompit le baron, aurait pu être, hier encore, une spéculation de ma part. Aujourd'hui, tout est changé, je vous aime.

— Dites-vous vrai ?

Et la jeune fille attacha, malgré la demi-obscurité où ils étaient plongés, un regard ardent sur Nossac.

— En pouvez-vous douter ? vous êtes si belle !

— C'est que, dit Hélène, je ne veux pas vous tromper, moi, et il faut que vous me connaissiez bien...

— Oh ! oh !

— Vous me dites que vous m'aimez, je le crois ; mais si vous me trompiez...

— Ah ! fi !

— Je ne vous le pardonnerais de ma vie.

Et une étincelle qui fit tressaillir le baron jaillit de l'œil noir d'Hélène.

— Mon Dieu! oui, fit la jeune fille. Je ne suis pas de noblesse, mon père n'est pas même d'épée, et je n'ai personne d'église dans ma famille. Nous sommes de pauvres bourgeois enrichis, et je conçois qu'un gentilhomme qui daigne nous élever jusqu'à lui se fasse peu de scrupule de tromper une femme de ma condition...

— Je vous jure que la pensée en est loin de moi.

— Je vous crois encore, monsieur le baron; mais écoutez : nous ne serons mariés que dans une heure, et il est encore temps de rompre.

— Fi! quelle proposition!

— Me jurez-vous d'abandonner l'existence un peu débauchée que vous avez menée jusqu'à ce jour?

— Je vous le jure.

— Vous ne me donnerez jamais le droit de ne pas être une honnête femme ?

— Oh ! jamais.

— Si un jour je prenais un amant, auriez-vous le courage de me tuer ?

— Oui, fit résolument le baron.

— Me donnez-vous le même droit ?

Le baron hésita, mais il jeta un regard à la jeune fille, et la trouva si belle qu'il répondit aussitôt d'une voix ferme :

— Oui, je vous le donne.

— Et vous me jurez que vous m'aimez ?

— Je vous le jure.

— Assez, monsieur le baron, dit Hélène ; je serai votre femme devant les hommes dans quelques minutes, je la suis dès à présent devant Dieu.

Et elle lui tendit son front d'ivoire, qu'il baisa.

Le carrosse s'arrêtait au même instant sous le porche de la vieille église.

Le baron descendit de voiture le premier et offrit ensuite la main à sa femme.

Elle s'appuya sur son bras avec une noble lenteur et gravit avec lui les marches du temple.

Sur la dernière elle s'arrêta.

— Monsieur le baron, dit-elle en le regardant en face, il en est temps encore, voulez-vous que je vous rende votre parole ?

— Quelle folie !

— Vous tiendrez vos serments ?

— Oui.

— Prenez garde ! Ils sont lourds pour un homme comme vous.

— Ils pourraient l'être avec une autre femme, mais non avec vous. Je vous l'ai dit, Hélène, vous êtes belle... et je vous aime !

— Eh bien ! dit-elle, tandis que son œil de velours brillait d'une flamme pudique, allons alors, je serai votre femme !

. . . .

Le prêtre était à l'autel, les assistants avaient déjà pris leurs places dans le chœur.

Simiane et Villarceaux étaient les témoins du baron. Le chevalier de Mirbel et le comte d'O.... ceux de la jeune femme.

A minuit et demi, la bénédiction nuptiale avait été donnée aux époux, et Hélène Borelli remonta en voiture baronne de Nossac.

— Ouf! murmura Simiane, voilà qui

est fait. Le bonhomme Borelli ne me refusera plus les deux cent mille livres que je lui demande à emprunter sur ma terre de Sault, déjà si fort hypothéquée.

— Ouf! murmurait en même temps le baron, on peut à présent annoncer et crier la mort de monseigneur le Régent, je suis assez riche pour renoncer de bon gré à mon gouvernement de Normandie.

— Ouf! murmurait pareillement le bonhomme Borelli, on ne dira plus que je suis un homme de rien, je m'imagine! Mon gendre est Nossac, et nous aurons sous peu le gouvernement de Normandie. Encore un gentilhomme encanaillé! ajouta-t-il avec son gros rire épais et béat.

Quant à Hélène, elle se dit bien bas:

— Il est beau... et il m'aime... Je suis heureuse !

IV.

Le souper et le bal qui suivirent la cérémonie nuptiale furent splendides.

La mort du Régent n'était point divulguée encore, et le beau monde était venu voir le baron de Nossac s'encanailler.

Mais la curiosité universelle.fut déçue ; — personne, excepté les témoins et les assistants de la messe de mariage, ne vit la nouvelle épouse. Elle avait refusé d'assister à la fête et s'était retirée chez elle.

Nossac fut donc l'unique point de mire de mille satires fines et de mille railleries plus spirituelles que de bon goût.

Il accepta son parti en brave et soutint le feu roulant d'épigrammes qui l'enveloppait, avec une bonne humeur et un entrain du meilleur aloi.

— Comptes-tu avoir beaucoup d'enfants, baron ? lui demanda le duc d'Ayen.

— Pourquoi cette question, duc ?

— Parce que les garçons sont difficiles à pourvoir et que... comme tu te fermes une porte d'avance...

— Laquelle, duc ?

— Celle de Malte, mon cher.

— Et celle de l'hôpital en même temps, duc. A bon entendeur, salut!

— Baron, minauda une petite comtesse, qui n'avait pu être *présentée* à Versailles quoi qu'elle eut fait, votre femme est donc bien laide?

— Ah! comtesse...

— Que vous nous la cachez ainsi dès le premier jour.

— Vous la verrez celui de sa présentation, comtesse.

La comtesse se mordit les lèvres et disparut.

— Baron, demanda un jeune abbé récemment tonsuré, comptes-tu donner un confesseur à ta femme?

— Peut-être...

— En ce cas, je vais me faire ordonner au plus vite.

— Inutile, mon cher, si ma femme se doit damner, elle le saura faire sans ton aide.

— Ah çà, fit à son tour Simiane qui, sûr désormais de palper ses deux cent mille livres, voulait se dédommager, j'espère que tu vas me céder la duchesse?

— Sans doute... si tu veux l'aller prendre à la Bastille.

— Elle en sortira.

— Pourvu que ce ne soit pas trop tôt, pensa le baron, qui se souvenait de l'imprudent serment qu'il lui avait fait le matin.

— Oh! fit Simiane, le duc de Bourbon est bonhomme; si tu pouvais seulement faire un doigt de cour à madame de Prie, la duchesse serait libre sous huit jours.

— A qui ? à madame de Prie ou à la duchesse ?

— A toutes deux, si tu veux !

— Ni à l'une, ni à l'autre...

— Bah !

— Et je veux aimer ma femme.

Simiane se prit à rire.

— Un caprice de huit jours ! s'écria-t-il. Mais après ?

— Après, le caprice recommencera.

— Et puis ?

— Et puis il continuera, dit le baron avec un flegme tout britannique.

— Dieu me pardonne ! s'écria Simiane, je crois que tu es sérieusement encanaillé.

— Mais il me semble que c'est ta faute.

— Sans doute ; mais qui eût pu penser que tu aimerais ta femme ?

— Un mari qui, comme toi, n'aurait point été trompé par la sienne. A revoir, cher, je vais demander un menuet à la marquise d'Orge.

— Ton ancienne passion?

— Oh! très-ancienne, marquis.

Et le baron, en effet, alla offrir la main à madame d'Orge, brune superbe malgré ses trente-huit ans, et qui, avant la duchesse d'A..., était indulgente pour lui.

Mais, si éteint que puisse être un vieil amour, la femme qui l'a ressenti n'en voit point éclore un nouveau dans le cœur de l'homme aimé autrefois, sans en éprouver quelque dépit.

La marquise accepta le menuet avec empressement, et commença, à mots couverts d'abord, à flageller le baron :

— Vous étiez donc bien ruiné, cher?

— Plus que votre petit cousin le chevalier, marquise ?

— Et votre femme est donc bien riche ?

— Je n'en sais trop rien, marquise.

— Le mot est joli.

— Il est sincère, marquise, je n'en sais rien.

— Ah çà, baron, votre femme est-elle belle ?

— Je le crois, marquise.

— Comment, vous le croyez ?

— Oui, madame, car un homme peut se tromper quand il aime.

— Vous l'aimez donc ?

— Peut-être...

La marquise laissa bruire entre ses lèvres un sourire sec et dépité.

— Ah çà, dit-elle, est-ce que vous parleriez sérieusement, mon pauvre baron ?

— Mais sans doute, marquise.

— Et vous comptez...

La marquise se pencha à l'oreille de Nossac et y jeta un mot et un éclat de rire.

— J'y compte si bien, madame, dit le baron gravement en reconduisant la marquise à sa place, que je vais de ce pas la rejoindre. Bonsoir, marquise...

Et le baron quitta la fête et se dirigea vers l'appartement de sa femme.

V.

La jeune baronne de Nossac était assise auprès de son feu, la tête mollement renversée en arrière, et dans cette attitude sérieuse et mélancoliqne de l'attente, quand elle est tempérée par une vague frayeur.

Si hardie que puisse être une jeune fille, elle ne passe jamais sans un frisson de crainte de son indépendance de vierge à son esclavage éternel de femme.

La jeune baronne avait une larme dans les yeux. L'aimerait-il longtemps ?

Elle ne doutait pas, la pauvre enfant, de la sincérité de ses promesses ; — mais promettre et tenir...

C'est pour songer à tout cela qu'Hélène de Nossac avait voulu être seule quelques heures encore : c'est pour cela que, tandis que le bal retentissait aux étages inférieurs, elle s'était réfugiée jusqu'à sa chambre de jeune fille, pour y pleurer et rêver à son aise...

Au moment où deux heures sonnaient, le baron entra.

A sa vue, Hélène se troubla bien fort et cacha sa tête dans ses mains.

Le baron alla à elle, la prit dans ses bras et mit un baiser sur son front.

Mais tout aussitôt on gratta doucement à la porte.

— Oh ! oh ! fit le baron ; qu'est-ce ?

C'était un laquais qui le cherchait dans tout l'hôtel et venait le poursuivre jusque dans la chambre nuptiale.

— Monsieur le baron, lui dit-il, il y a un carrosse arrêté à la porte de l'hôtel. Dans ce carrosse est un gentilhomme qui désire vous parler sur l'heure.

— Son nom ?

— Je l'ignore ; mais c'est pour affaire pressée.

— Mon Dieu! fit la baronne avec effroi.

— Tranquillisez-vous, ma chère enfant, dit M. de Nossac, je reviens sur l'heure.

— Oh! revenez vite... Armand.

— A l'instant, mon cher ange.

Le baron descendit, en se disant :

— C'est un de mes créanciers pressé de s'inscrire et qui veut assurer sa dette. Gredin!

Et il arriva à la porte de l'hôtel et vit le carrosse arrêté sur la chaussée.

— Baron, dit une petite voix flûtée, quand il fut à la portière, j'ai appris votre mariage il y a vingt minutes.

Le baron tressaillit et darda un regard au fond du carrosse, où il aperçut la duchesse d'A..., cavalièrement vêtue d'un pourpoint de mousquetaire.

— Baron, continua la duchesse, vous m'avez promis ce matin même de me donner vingt-quatre heures, à mon choix...

— Oui, madame, murmura le baron pâle et frémissant.

— Eh bien! cher, j'opte pour aujourd'hui.

— Mais, madame... cela ne se peut...

— Pourquoi cela?

— Parce que... parce que... balbutia le baron, ma femme m'attend...

— Eh bien! vous la retrouverez demain.

— Mais, c'est ma nuit de noces...

— Vous la passerez avec moi. Çà, baron, montez ici près, mettez-vous là.

— Madame, s'écria le baron, par grâce!

— Vous en avez bien peu, vous, de venir me parler de votre femme. En route, mon bel ami, j'ai votre parole.

— Mais au moins faut-il que j'aille prendre mon épée ?

— Inutile ; en voici une.

— Mon chapeau ?

— Inutile encore, nous allons chez vous.

— Chez moi !

— Sans doute. Rappelez-vous votre serment : *Je vous promets de vous suivre partout où vous le voudrez.*

— Mais on le saura ?

— Et vous n'en serez pas déshonoré, mon cher. Je suis assez belle encore pour qu'on m'avoue sans honte.

Le baron, lié par sa parole, monta en

jurant et maugréant dans le carrosse, qui s'éloigna aussitôt.

— Quelle nuit de noces! murmura-t-il.

— Ce qui doit vous consoler, répondit en ricanant la duchesse, c'est que votre femme n'en passera pas une meilleure... à moins que Simiane...

— Madame ! exclama le baron avec colère, je vous ai donné ma parole de vous appartenir corps et âme pendant vingt-quatre heures ; je tiens ma parole ; mais je n'entends pas vous donner le droit de m'insulter. L'honneur de ma femme est le mien !

. . . .

— Baron, s'écria la duchesse en étendant hors du lit sa main déliée et garnie de bagues, il est midi : voudriez-vous sonner vos gens et me faire servir à déjeuner?

Je m'éveille avec un appétit insupportable.

Le baron était assis, pâle et blême, dans un coin de la chambre à coucher, sa tête dans ses mains et le front chargé d'un nuage de colère concentrée.

Il se leva lentement et, comme un automate dont les ressorts sont distendus, s'approcha d'un gland de soie qui pendait le long de la glace de Venise placée au-dessus de la cheminée, et le tira violemment.

— Tenez, continua la duchesse, voici la clé de votre appartement que j'avais prudemment mise sous mon oreiller, de peur que la fantaisie ne vous prît de vous esquiver.

— Madame, fit le baron avec colère, ai-je jamais manqué à ma parole ?

La duchesse ne daigna point répondre à cette exclamation, mais elle ajouta avec sa raillerie habituelle :

— Vous demanderez ensuite votre carrosse.

— Pour quoi faire, madame?

— Mais, pour sortir, ce me semble. J'ai une migraine affreuse.

— Voyons, ajouta la duchesse avec une feinte compassion. Quelle heure est-il ?

— Midi, madame.

— Quelle heure avions-nous hier soir quand je vous ai emmené?

— Deux heures et demie, madame.

— Vous êtes mon esclave pour vingt-quatre heures, baron. Comptez... Neuf et demi et quatorze et demi font vingt-quatre : c'est donc quatorze heures et demie que vous me redevez.

— Et vous ne me ferez pas grâce du reste ?

— Pas d'une seconde, cher.

— Mais c'est une barbarie sans nom ! madame.

— Fi ! monsieur. Est-ce donc un supplice que de me tenir compagnie ?

— Non, sans doute, ricana M. de Nossac; mais j'ai une femme... une femme qui m'attend...

— Et qui doit être en proie à une cruelle angoisse, n'est-ce pas ? Soyez tranquille, baron, nous allons prendre soin de la rassurer. Tenez, j'aperçois là-bas, sur ce guéridon, du papier et de l'encre... Approchez le guéridon, baron.

— Que voulez-vous faire, madame ?

— Approchez toujours... Bien... Asseyez-vous, maintenant... Vous sentez bien que ce n'est pas moi qui écrirai à madame de Nossac.

Et un rire fin et moqueur glissa sur les lèvres roses de la duchesse. M. de Nossac prit une plume et écrivit ces deux lignes :

« Mon cher ange,

» Le régent est mort la nuit dernière. » M. de Bourbon est premier ministre, et je » vous écris de la Bastille... »

La duchesse allongea vivement ses doigts effilés vers la lettre, s'en saisit et la lut.

— Dieu ! s'écria-t elle avec un éclat de rire, le joli mensonge ! Vous mentez donc, mon pauvre cher ?

— Mais, balbutia le baron, que voulez-vous donc que je dise pour excuser...

— Mais la vérité, baron.

— Impossible !

— Vous êtes un niais. Croyez-vous pas

que je vous ai enlevé cette nuit pour que, dès ce soir, vous roucouliez aux pieds de votre femme, parfaitement convaincue que vous êtes allé à la Bastille!

— Mais, enfin, madame, vous voulez donc me perdre? s'écria Nossac hors de lui.

— Il me semble, baron, que c'est moi bien plutôt qui me suis un peu perdue pour vous... Oh! un peu, seulement... ne vous effrayez pas...

— Mais que voulez-vous faire?

— Presque rien. Dicter votre lettre.

— Oh! je n'y consentirai jamais.

— Baron, mon cher, vous oubliez une chose importante.

— Laquelle?

— C'est que vous êtes mon esclave jusqu'à demain matin.

— Eh bien?

— Eh bien ! vous devez avoir pour moi une obéissance absolue et passive. Écrivez, baron ; j'ai votre parole.

Le baron rugit de colère, mais il prit la plume, une autre feuille de papier et murmura :

— J'attends, madame...

— Écrivez, dit la duchesse.

« Ma belle amie,

» J'avais promis, avant mon mariage, à une duchesse que je ne nomme pas, et qui avait pour moi quelques bontés, vingt-quatre heures d'esclavage. Je tiens toujours ma parole et je l'ai tenue hier. Je vous écris de chez moi, au moment de déjeûner avec ma belle geôlière. Mon majordome a fait frapper le Champagne et chauffer un peu le Bordeaux. Le menu est délicat. Nous sortirons en carrosse dans la journée, et demain, dès le point du jour, je vous reviendrai, belle amie, un peu pâle peut-être, un peu lassé de ma dernière folie de garçon, mais résigné d'avance à bientôt acquérir ce teint fleuri et ce merveilleux embonpoint qui fut et sera toujours l'apanage des maris.

» Je vous baise les mains. »

— Et vous allez envoyer cette lettre ! s'écria le baron, pâle de stupeur et de colère.

— Sans doute.

— Mais vous ne songez pas aux conséquences fatales qu'elle aura ?

— J'essaye, baron.

— C'est mon bonheur conjugal brisé à jamais !

— D'accord. Pour moi, c'est la satisfaction d'un caprice. Quand on est belle et un peu duchesse, cher, on a le droit d'avoir des caprices coûteux.

Le baron regarda fixement son ancienne maîtresse. Il vit son regard froid et hautain, dans lequel brillait une haine implacable ; il comprit que cette femme, qui l'aimait la veille et qu'il avait froissée dans son amour, serait impitoyable, et il se résigna à subir son supplice jusqu'au bout.

On gratta à la porte presque aussitôt. Nossac alla ouvrir.

— Monsieur le baron est servi, dit un laquais.

— Baron, lui cria la duchesse du fond de son alcôve, allez donner un coup-d'œil de fin soupeur au menu de votre majordome, et veuillez m'envoyer mes camérières, qui doivent être arrivées ici. Je vais me faire habiller.

Dix minutes après, madame la duchesse d'A.., et M. le baron de Nossac étaient à table.

La duchesse suça une aile de perdrix, croqua par-ci par-là un morceau délicat, trempa ses lèvres dans le meilleur cru d'Ay, et égrena du bout de son ongle rose une grenade confite au caramel, et un atome de plum-pudding, mets récemment arrivés d'outre-Manche sur les nappes de la cour et de la ville.

Puis, quand ce fut fait, elle se leva de table et dit au baron :

— Faites mettre vos chevaux.

Le baron donna des ordres.

— Maintenant, continua-t-elle, veuillez passer dans votre boudoir et y revêtir un costume complet que votre valet de chambre a préparé d'après mes ordres. Je vais, de mon côté, à l'aide de mes femmes, modifier ma toilette.

Le baron savait désormais qu'il était bien réellement esclave ; aussi n'essaya-t-il nullement de commenter les étranges volontés de son impérieuse maîtresse. Il se livra aux mains de son valet de chambre, qui le revêtit d'un galant habit de simple garde-française, puis il rejoignit la duchesse, qu'il trouva vêtue en cantinière.

Le soldat et la cantinière formaient un couple ravissant.

— Où me conduisez-vous, madame ? demanda le baron du ton dont il eût demandé : De quel supplice vais-je mourir ?

— Aux Porcherons, mon bel ami.

— En carrosse ?

— Pour sortir de Paris seulement. Après, nous nous en irons à petits pas, à travers champs, aux bras l'un de l'autre, comme un vrai garde-française et une cantinière au naturel.

— Et, fit Nossac, dont la voix irritée tremblait dans sa gorge, que ferons-nous aux Porcherons ?

— Ce qu'on y fait, baron. Nous nous y amuserons. Nous dînerons sous une tonnelle de cabaret ; nous boirons d'un affreux vin couleur indigo, et nous mangerons une cuisine sans nom, qui vous fera regretter un peu la table future de M. le fermier des gabelles Borelli, votre beau-père.

Le baron se mordit les lèvres, sans répondre.

— Mais, reprit la duchesse avec une raillerie féroce, vous m'aimiez tant autrefois, hier encore, que sans nul doute l'illusion vous viendra en aide ; et, oubliant quelques heures cette pauvre baronne, vous vous imaginerez sans peine que vous m'aimez toujours.

— Ce sera difficile, madame.

— Or, continua la duchesse, feignant de n'avoir point entendu, quand on aime, les pires choses sont les meilleures. Une tonnelle de cabaret vaut un boudoir, un vin sans nom, l'Épernay le plus pur, les rayons tièdes d'un beau soleil d'hiver toutes les dorures que notre siècle a mises de mode... Soyez tranquille, mon beau chevalier, vous aurez ma main à baiser tant que la chose pourra vous plaire; vous remonterez jusqu'au coude si cela vous séduit, et nous répéterons ensemble une de ces charmantes scènes d'amour, comme on en voit à l'Opéra dans les pièces de feu M. Quinault.

— Allons, duchesse, fit le baron en lui offrant le bras, venez... j'ai hâte de partir.

— Craignez-vous que madame de Nossac ne vous vienne chercher ?

Le baron n'y avait point songé ; mais cette pensée le fit frémir.

— Rassurez-vous, cher, lui dit l'implacable duchesse ; si elle vient, elle aura beau faire, je ne vous céderai pas.

Ils montèrent en carrosse, sortirent de Paris au galop, puis, arrivés à peu près dans cet endroit où s'élève de nos jours le mur d'enceinte qui sépare Paris des Batignolles, ils renvoyèrent carrosse et laquais et s'en allèrent à pied, sous le bras l'un de l'autre, à travers champs, comme un vrai garde-française et une cantinière au naturel, ainsi que l'avait dit la duchesse elle-même.

Aux Porcherons, le baron de Nossac trouva nombreuse compagnie, — et son déguisement jeta un lustre de plus sur son équipée. Il fut avéré que mons Borelli était un homme parfaitement joué et roulé, — et que madame de Nossac n'aurait de son mari que le nom… et les créanciers.

VII.

Il était à peine jour, quand le baron, libre enfin et débarrassé de la duchesse, sortit à pied de chez lui et se dirigea vers l'île Saint-Louis, où M. le fermier des gabelles, Borelli, avait son hôtel.

Malgré l'heure matinale, les domestiques étaient tous sur pied, et les fenêtres grand ouvertes.

— Oh ! oh ! pensa le baron, qu'est-ce que cela veut dire ? ma femme prendrait-elle un second mari ?

Les domestiques s'inclinèrent respectueusement sur son passage, mais aucun ne lui adressa la parole.

Dédaignant de les questionner, monsieur de Nossac monta directement à l'appartement de sa femme.

Les portes étaient ouvertes à deux battants, et salles et chambre à coucher complétement désertes.

— Ma femme est chez son père, pensa-t-il.

Et il se rendit chez le fermier des gabelles.

Là, comme chez sa femme, les salles étaient vides, le lit non foulé.

— Diable ! exclama le baron, il y a bien du mystère ici.

Et il redescendit, et, s'adressant au premier valet qu'il rencontra :

— Où donc est monsieur Borelli ?

— Monsieur Borelli est parti hier soir pour sa terre de Normandie.

— Ah ! fit le baron, stupéfait.

— Il a laissé à son intendant une lettre pour monsieur le baron.

— Appelle-moi l'intendant.

L'intendant parut, sa lettre à la main.

Le baron ouvrit précipitamment la lettre et lut ce qui suit :

« Monsieur le baron,

» Vous n'avez épousé ma fille que

dans le but de payer vos dettes. Votre but est rempli, vos dettes sont payées. Je joins les quittances de vos créanciers à ma lettre, que je désire voir rester sans réponse. Je vous laisse mon hôtel de Paris et me retire dans ma terre du pays de Caux, où j'espère bien ne point recevoir votre visite.

» Un homme désolé de vous avoir pour gendre.

» BORELLI. »

— Mais, s'écria le baron, où est madame de Nossac ?

— Partie, monsieur le baron.

— Avec son père ?

— Non, monsieur le baron.

— Et où est-elle ?

— Sur la route de Bretagne, où elle a un château.

— Depuis quand est-elle en voiture?

— Depuis hier soir, monsieur le baron.

— C'est bien! fit le baron avec colère. Allez me chercher des chevaux de poste sur l'heure ; je veux partir à l'instant.

Le baron fut obéi avec une admirable promptitude. Vingt minutes après, il montait en chaise et s'écriait :

— Je crèverai vingt chevaux, mais je rattraperai ma femme!

VIII.

Le baron se tint parole à moitié, car...
Car à trente lieues de Paris, comme on relayait, un gentilhomme de fort bonne tournure arriva derrière le baron, après

avoir accompli, sans nul doute, de semblables prouesses de célérité, et lui dit gravement :

— Je me nomme, monsieur, le chevalier de Courceneuille, et je suis, depuis hier, l'amant de la duchesse d'A...

— Ah ! fit le baron en reculant d'un pas.

— Il paraît, monsieur, que vous avez gravement insulté la duchesse, car elle m'envoie vous provoquer...

— J'accepte le défi, monsieur, répondit le baron en mettant sur l'heure flamberge au vent.

Le baron avait maintes fois fait des armes avec le Régent qui s'y connaissait, mais cela n'empêcha point qu'il reçut un bon coup d'épée qui le mit au lit pour huit jours, dans l'auberge misérable où relayait sa chaise de poste.

Ce qui fit qu'il ne put rattraper sa femme.

IX.

Huit jours après, cependant, monsieur le baron de Nossac fut en état de continuer sa route : et en quarante-huit heures il arriva dans le Léonais, province où se trouvait le château de sa femme.

Au dernier relai, on lui dit que les chemins qu'il allait suivre étaient désormais impraticables aux voitures. Le baron demanda un cheval et se mit en route malgré l'heure avancée; il chemina toute la nuit et atteignit au point du jour le sommet d'une colline d'où l'on apercevait à l'horizon les tourelles grises du château où il se rendait. C'était une belle matinée d'hiver, dépouillée de ces brumes ternes qui rampent et s'allongent d'ordinaire, au souffle d'une bise froide et pluvieuse, sur les champs dépouillés et les pâturages jaunis.

Le soleil pointait à l'horizon, les oisillons chantaient dans les haies de la route, les paysans fredonnaient un refrain rustique, en suivant leur charrue.

Le baron se sentit un peu de joie au cœur, et pressa son cheval déjà fatigué.

Tout-à-coup, au milieu de ce calme paisible des champs, le son d'une cloche lui arriva lent et mesuré... Cette cloche sonnait un glas funèbre.

Le baron tressaillit et donna à son cheval un furieux coup d'éperon.

Le cheval reprit le galop et arriva, tout d'un trait, à la grille du château.

Le baron entra dans la cour; la cour était silencieuse et déserte.

Il mit pied à terre, gravit le perron, puis l'escalier à balustre d'or et marches de pierres. Perron, escalier étaient vides de serviteurs.

Il traversa, guidé par un mystérieux et sinistre pressentiment, plusieurs salles également vides, où sa botte éperonnée retentissait avec un lugubre bruit; — puis enfin il entendit un murmure confus au loin, à l'extrémité des appartements qu'il traversait, un murmure monotone et vague qui ressemblait à des chants d'église, que des moines psalmodieraient au fond d'un cloître, à l'heure nocturne des matines.

Guidé par ce bruit, il avança toujours, le cœur frémissant d'émotion et la sueur aux tempes.

Il arriva ainsi jusqu'à une porte fermée. Puis derrière cette porte, le murmure qu'il avait entendu était devenu distinct : c'était bien un chant d'église. Le baron sentit ses cheveux se hérisser; — mais, dominant sa terreur, il frappa...

Aussitôt le chant s'éteignit et la porte

s'ouvrit à deux battants, criant sur ses gonds avec une sonorité funèbre.

Le baron recula et poussa un cri, à la vue du spectacle qui s'offrit alors à ses yeux.

Sur son lit de parade était étendue inanimée madame la baronne de Nossac.

Au chevet un prêtre était à genoux et récitait, en surplis, les prières des morts.

Autour du lit les serviteurs pleuraient agenouillés.

Sur le guéridon de nuit brûlait un cierge mortuaire. A côté du cierge était un large pli, portant cette inscription :

« *A monsieur le baron de Nossac.* »

La baronne de Nossac était TRÉPASSÉE de la veille. C'était son glas funèbre qu'avait entendu le baron.

Il marcha droit au lit avec la raideur d'une statue et posa la main sur le cœur de la morte... Le cœur ne battait plus.

Il approcha ses lèvres frémissantes de ses lèvres à elle...

Les lèvres étaient froides.

Il prit dans sa main la main glacée de la défunte, la souleva, puis la laissa échapper.

La main retomba inerte... La baronne de Nossac était bien morte.

Alors il s'approcha du guéridon, brisa le sceau du pli et le fouilla avidement.

Le pli ne contenait que le testament de la défunte, testament conçu en ces termes :

« J'établis monsieur le baron de Nossac mon légataire universel, à la charge par lui de se remarier dans le délai de deux ans et d'habiter mon hôtel de l'île Saint-Louis, à Paris, quand il séjournera dans cette capitale.

» BARONNE HÉLÈNE DE NOSSAC,
NÉE BORELLI. »

» *P.-S.* — Si monsieur de Nossac redevenait veuf avant l'expiration des deux années, il serait contraint de se remarier pour ne point voir mon héritage retourner à ma famille. »

Pas un mot d'amour ou de colère n'était joint à ce testament.

Ce silence était-il menace ou dédain ?

X.

Le baron fit rendre les honneurs funèbres à sa femme, puis il appuya un pistolet sur son front et voulut se tuer ; — mais il songea qu'il ne lui avait pas fait élever un mausolée, et il pensa qu'il était plus

X.

Le baron fit rendre les honneurs funèbres à sa femme, puis il appuya un pistolet sur son front et voulut se tuer ; — mais il songea qu'il ne lui avait pas fait élever un mausolée, et il pensa qu'il était plus convenable d'attendre l'érection de cet édifice pour se brûler dessus la cervelle.

Le mausolée fut construit à grands frais et s'éleva dans le parc du château avec cette inscription :

ICI GIT

LA BARONNE HÉLÈNE DE NOSSAC,

NÉE BORELLI,

TRÉPASSÉE VIERGE

A L'AGE

de

VINGT-CINQ ANS.

D. P.

Quand ce fut fait, l'inconsolable baron apprêta de nouveau ses pistolets et se rendit sur la tombe pour y faire le sacrifice de sa vie aux mânes de sa femme infortunée.

Mais un gentilhomme venant de Paris, à franc-étrier, y arriva en même temps que lui et lui dit :

— C'est fort bien de pleurer sa femme; mais quant à lui sacrifier sa vie, cela ne se peut .. La vie d'un gentilhomme appartient au roi.

Ce gentilhomme était le marquis de Simiane, qui apportait au baron un brevet de mestre de camp, et l'ordre de se rendre sur-le-champ à l'armée d'Allemagne.

Le baron se résigna à vivre, tout en jurant qu'il ne se consolerait jamais.

Ce qui fit qu'il se consola.

FIN DU PROLOGUE.

PREMIÈRE PARTIE.

Le château des Veneurs Noirs.

I.

Il y avait, jour pour jour, un an que madame la baronne de Nossac avait été inhumée, par les soins de son mari, dans le parc de son château du Léonais.

Nous retrouvons le baron à quelques centaines de lieues du tombeau de sa femme, c'est-à-dire à bord du vaisseau amiral de la flotte française qui croise devant Dantzick sous les ordres du comte de la Motte.

Le roi Stanislas de Pologne, allié de S. M. Louis XV, était bloqué par les Russes dans sa dernière place forte, Dantzick.

A Varsovie, monsieur de Lacy, commandant supérieur des armées du czar, avait fait proclamer le prince Auguste roi de Pologne et grand-duc de Lithuanie.

Dantzick ne pouvait tenir longtemps ainsi bloquée, et la prise de Dantzick, c'était la tête de Stanislas qui roulerait sur le billot.

Trois hommes tenaient conseil à bord du vaisseau-amiral: le comte de la Motte, amiral en chef; — le baron de Nossac, mestre de camp des armées de terre et commandant un corps d'infanterie embarqué, — et le comte Bréhan de Plelo, gentilhomme breton, ambassadeur français à Copenhague.

— Messieurs, disait l'amiral, nous avons cinq vaisseaux de ligne et trois corvettes; un effectif de sept à huit mille hommes à peine. Les Russes campent au nombre de trente mille sous les murs de Dantzick; ils sont bien retranchés; le fort de Weshulmund leur a ouvert ses portes, leurs batteries dominent les deux rives de la Vistule, le débarquement est inutile; il n'y a rien à faire, nous ne pouvons secourir Dantzick.

— Monsieur, répondit le comte de Plelo avec une froide dignité, il y a à Dantzick un roi dont la vie est menacée, un roi dont la tête peut tomber sous la hache comme celle de Charles Ier d'Angleterre. Songez-y...

— Je le sais, Monsieur, mais qu'y puis-je faire !

— Songez aussi, dit à son tour le baron de Nossac, que l'Europe entière a les yeux sur nous, et que, si demain Dantzick est pris, si demain une commission militaire d'officiers russes s'assemble, juge et condamne le roi Stanislas, si le jour suivant le roi Stanislas pose sa tête sur le billot et meurt les yeux tournés vers nous, — il s'élèvera dans toute l'Europe un cri de réprobation contre nous et l'on dira :

« Il y avait à une lieue de Dantzick une escadre française, une armée du roi Louis XV, l'ami du roi Stanisl... tte escadre, cette armée sont demeur.. s spectatrices paisibles et ont vu rouler une tête de souverain sans qu'un seul de leurs sabords vomit un boulet, un de leurs mousquets une balle ! »

— Messieurs, fit le comte de la Motte avec hauteur, vous parlez noblement et bien. Mais le roi notre maître m'a investi du commandement suprême. A ce titre, je lui dois un compte sévère de ses soldats. Essayer de convoyer Dantzick, c'est les conduire à une mort certaine sans espoir même de réussir. Je m'oppose au débarquement.

— Monsieur, dit le comte de Plelo, il y a un vieux proverbe, un proverbe chevaleresque s'il en fut, qui a cours en France et surtout en Bretagne. Je suis Breton, voulez-vous me permettre de le citer : *Fais ce que dois, advienne que pourra!* Eh bien ! moi, comte de Bréhan de Plelo, je vous somme de veiller au salut d'un roi allié de la France! Avant d'être homme d'État, j'étais homme d'épée, — et j'assume sur ma tête, d'avance, toute la responsabilité de l'expédition hasardeuse que je vous propose. Êtes-vous content ?

— En ce cas, monsieur, répondit l'amiral, nous pouvons débarquer. Je suis prêt à me faire tuer près de vous.

— Après moi, comte, dit fièrement M. de Plelo ; le premier gentilhomme qui mourra pour le roi Stanislas, ce sera moi.

— Et moi, fit le baron de Nossac, je vous jure, messieurs, que, dussé-je passer, moi tout seul, sur le corps d'une armée russe tout entière, j'arriverai jusqu'à sa majesté polonaise ; je me placerai à sa droite, et, si je ne la sauve pas, si je ne l'arrache point au bourreau, au moins ne tombera-t-il un cheveu de sa tête que lorsque la mienne ne sera plus sur mes épaules.

Le comte de Plelo tendit la main :

— Baron, lui dit-il, vous êtes le meilleur gentilhomme que je connaisse, et vous me prouvez une fois de plus que, chez vous, galanterie et bravoure, esprit et noblesse, vont toujours de pair !

— Je vais prendre les mesures nécessaires pour le débarquement, dit M. de la Motte.

— Je le commanderai, fit le comte de Plelo.

— Et moi, ajouta Nossac, je me battrai en simple gentilhomme; je vais résigner mes pouvoirs de général aux mains d'un de mes colonels.

— Pourquoi cela, baron ?

— Parce que je veux arriver jusqu'au roi, et que je n'entends point lui conduire mon corps d'armée.

— Quelque... chevaleresque ! murmura l'amiral.

— Les folies de ce genre, répondit monsieur de Plelo, valent sagesse et diplomatie.

II.

L'attaque et le débarquement eurent lieu le jour même. Monsieur de Plelo et monsieur de Nossac passèrent avec deux cents hommes sur dix mille Russes, et arrivèrent aux portes mêmes de Dantzick. Mais là, monsieur de Plelo tomba percé de coups, ses compagnons furent pris ou tués; — seul, un homme se fit jour l'épée au poing, à travers les lignes ennemies, et sanglant, couvert de boue, les vêtements en lambeaux et criblés de balles, qui, pour la plupart, l'avaient épargné, vint tomber mourant et brisé de fatigue, aux palissades des assiégés.

C'était le baron de Nossac.

Le comte de Plelo et lui avaient tenu parole tous deux; l'un était mort, — l'autre était arrivé jusqu'au roi Stanislas.

III.

Il n'entre point dans notre cadre de relater d'une manière détaillée cette miraculeuse évasion du roi Stanislas, qui, à cette époque, étonna l'Europe entière par la hardiesse avec laquelle elle fut conçue et exécutée.

Nous nous bornerons à une rapide analyse.

Les Dantzickois n'avaient opposé à l'armée russe une résistance aussi énergique que parce que la présence de leur roi les enthousiasmait et les stimulait. Ils voulaient bien s'ensevelir sous les ruines de leur ville, — mais à la condition que le roi y périrait avec eux.

Or, le roi savait que tant qu'il serait à Dantzick, Dantzick ne se rendrait pas, — et il ne voulait pas que la ville fût bombardée et affamée plus longtemps, il lui fallait quitter Dantzick.

Jamais fuite n'avait paru plus impossible. Les Russes bloquaient Dantzick; — Dantzick, à son tour, y mettrait de l'amour-propre et ne laisserait point partir son roi.

Le roi avait donc à se garder autant de ses amis que de ses ennemis.

Trois hommes, trois hommes seuls, sans complices, sans auxiliaires, sans autres secours que leur audace et leur épée, résolurent cependant de sauver le roi et y parvinrent. Ces trois hommes étaient le marquis de Monti, ambassadeur de France à Dantzick, le général Steinflich et le baron de Nossac.

Le marquis procura au roi un costume paysan et les vieilles bottes d'un officier de la garnison, bottes qu'il n'osa demander et fit voler par le domestique de l'officier. Le général Steinflich prépara une barque qui, une nuit, une nuit sombre et propice à l'événement, se trouva amarrée sous le rempart qui longeait la Vistule.

Le roi, suivi du général et du baron, déguisés tous deux comme lui, arriva sur le rempart et se présenta à une poterne qui ouvrait sur un escalier tournant dont le pied plongeait dans le fleuve.

A cette poterne était de garde un officier suédois.

— Qui êtes-vous? demanda-t-il au roi.

Le roi hésita une minute, puis il préféra se fier à la loyauté de l'officier, et lui dit :

— Je suis le roi de Pologne.

— Je ne puis laisser passer Votre Majesté, répondit l'officier, sans qu'elle ait été reconnue par le major de la place.

Cela était impossible. Le major se fût opposé à la fuite du roi.

— Monsieur, dit alors le baron de Nossac à l'officier, êtes-vous gentilhomme?

— Oui, monsieur.

— Êtes-vous bien convaincu que si Dantzick est pris, le roi sera décapité?

— Oui, répondit l'officier. Mais nous mourrons avec lui.

— Monsieur, continua le baron, j'ai connu dans mon extrême jeunesse un gentilhomme écossais presque centenaire, qui portait éternellement un masque de velours noir sur son visage et un crêpe noué à son bras. Savez-vous pourquoi?

— Non, dit l'officier.

— Parce qu'il avait été le premier Écossais qui déserta la cause du roi Charles Ier, et que les longues années qui s'étaient écoulées depuis n'avaient pu lui faire oublier sa trahison et étouffer ses remords.

— Qu'y a-t-il de commun entre lui et moi? demanda l'officier.

— Ceci : c'est qu'il était la cause première de la mort de son souverain, et que si, dans trois jours, la tête du roi Stanislas a divorcé avec son corps, vous pourrez vous dire : « C'est moi qui ai tué mon roi, par mon obstination, et mon obéissance passive à une discipline qui ne doit plus exister quand la vie d'une tête couronnée est en péril. »

L'officier réfléchit une minute ; puis, posant la main sur son cœur, répondit en livrant le passage :

— Le roi peut passer!

Le roi descendit, suivi de ses deux compagnons, trouva la barque montée par un znapan, sorte de soldat bohémien et mercenaire assez fréquent en Allemagne à cette époque, y prit place et coupa lui-même l'amarre avec son poignard. Quant à l'officier suédois, le lendemain au jour et quand la barque royale fut loin, il alla trouver le major de la place, lui raconta ce qui s'était passé et lui dit :

— Maintenant, monsieur, comme il ne faut pas que deux officiers manquent simultanément à leur devoir, vous allez assembler un conseil de guerre et me faire fusiller aujourd'hui même.

— Vous avez raison, répondit le major en lui tendant la main. Vous êtes un brave gentilhomme.

— Non, dit l'officier, je suis un traître; mais j'ai sauvé le roi. Je meurs content.

Qu'on cherche de tels hommes aujourd'hui ! — Les trouvera-t-on ?

IV.

Le roi gagna les marais au milieu desquels la Vistule s'enfonce avant de s'unir à la mer. — Il demeura caché tout un long jour dans une chaumière de paysans, et ne se remit en route que la nuit suivante.

Enfin, après dix nuits semblables, dix nuits de périls continuels, passant à travers les retranchements des Russes et des impériaux, dormant mal, mangeant à peine et toujours escorté par Steinflich et le baron, il parvint à toucher le bord du Nogat.

Là, Steinflich quitta le roi, — mais le baron voulut l'accompagner encore.

Le roi passa le Nogat avec lui; puis, arrivé sur l'autre rive, il gagna un village nommé Bialagora, où il acheta un chariot et un cheval.

Deux jours après, dans cet équipage, le roi Stanislas de Pologne fit son entrée dans Marienwerder. Il était hors de danger et loin de la hache des Russes. Alors le baron prit congé de lui.

— Adieu, sire, lui dit-il.

— Vous me quittez?

— Je retourne à mon poste, sire.

— Hélas! fit le roi avec un triste sourire, je n'ai plus de royaume et je suis le plus pauvre des Polonais. Je n'ai donc à vous offrir ni dignités ni fortune pour vous retenir auprès de moi, et je vous laisse.

— Sire, dit fièrement le baron, si j'étais Polonais, Dieu m'est témoin que je voudrais vous suivre au bout du monde, dussions-nous l'un et l'autre manquer d'abri et de pain. Mais je suis au roi de France, et je n'ai fait que le servir en vous escortant.

Le roi lui tendit la main. Nossac fléchit un genou et la baisa.

Puis il s'inclina et alla préparer son départ.

Dans l'hôtellerie où il était descendu venait d'arriver un znapan couvert de poussière et paraissant avoir fait une longue route. Il demanda à parler au baron.

Le baron était toujours revêtu de ses habits de paysan, — mais le znapan alla vers lui et lui dit :

— Mon général, je viens à vous de la part du général Steinflich.

— Pourquoi cela? demanda le baron en tressaillant.

— Pour vous avertir qu'une embuscade est dressée sur l'autre rive du Nogat.

— Et cette embuscade?

— Pour vous, mon général. Les Russes se sont promis de vous faire payer cher l'enlèvement du roi Stanislas.

— En sorte que je dois rester ici?

— Oui, mon général, à moins que...

— A moins ? interrogea Nossac.

— A moins que vous n'ayez confiance en moi pour vous aventurer en ma compagnie, dans l'intérieur des terres ou des forêts.

Je connais des chemins où les Russes ni les Impériaux ne passeront jamais, et vous promets qu'avant quinze jours vous serez aux frontières de Prusse et pourrez vous embarquer.

— Morbleu ! exclama le baron, j'aime tout autant cela. Et il quitta son déguisement, se procura des vêtements convenables et un cheval, puis dit au znapan :

—Nous partirons dès demain avant le jour, si tu veux.

Le znapan s'inclina et réprima un diabolique sourire, qui venait sur ses lèvres, tandis qu'il murmurait à part lui :

— Le château des Veneurs noirs est loin encore... Mais nous y arriverons !

V.

Le baron dormit mal dans le lit misérable qui était cependant le meilleur de l'auberge où il était descendu. Le cauchemar, ce rêve pénible qui suit d'ordinaire les grandes fatigues, l'assaillit pendant plusieurs heures et déroula dans son imagination impressionnée les contes les plus étranges et les plus noires légendes qui aient cours dans cette mystérieuse Allemagne qui, de nos jours encore, n'est point complétement affranchie des traditions superstitieuses et féeriques du moyen-âge.

Tout-à-coup, une voix monotone, lente, bizarre, l'eveilla en sursaut. Cette voix disait un chant slavon dont voici le premier couplet :

Le vieux châtelain, le sourcil froncé,
Est encore assis à minuit passé
Dans son grand fauteuil séculaire,
Le dernier tison du feu s'est éteint,
L'heure court rapide et l'aurore teint
L'horizon bientôt. Qu'a-t-il pour se taire
Et garder ainsi son visage austère,
Sombre et menaçant, le vieux châtelain ?

. . . .
— Le vieux châtelain, dans la forêt sombre,
A l'heure où le jour s'efface sous l'ombre,
Aura vu passer sur son cheval noir
Le veneur tout noir qui nuit et jour chasse,
Le noir veneur qui jamais ne se lasse,
Et, le fouet en main du matin au soir,
Embouche la trompe et poursuit la chasse...
— On verra demain des morts au manoir !

Ce chant s'élevant tout-à-coup au milieu du silence nocturne et réveillant les échos paisibles des environs, étonna le baron assez vivement pour le faire sauter à bas du lit et courir à sa fenêtre qui donnait sur la cour de l'auberge.

A la clarté de la lune qui frangeait d'argent de gros nuages noirs, affectant des formes étranges et tourmentées, il aperçut un homme occupé à harnacher deux chevaux.

C'était le znapan.

Rassuré, le comte retourna à son lit, prit sa montre au chevet et la consulta. Il était à peine une heure du matin.

— Oh! pensa-t-il, mon drôle est bien pressé de partir...

Il retourna à la croisée et l'appela. Le znapan tourna la tête :

— Bonjour, mon général, dit-il, puisque vous êtes éveillé, habillez-vous promptement.

— Nous partons bien matin...

La route est longue.

— En route donc, fit le baron.

Il s'habilla lestement, descendit sans bruit dans la cour, mit ses pistolets prudemment amorcés dans ses fontes, boucla soigneusement le ceinturon de son épée, et se mit en selle.

Le znapan sauta sur la croupe nue de

son cheval avec cette légèreté fantastique des cavaliers hongrois ou bohêmes, et passa le premier.

Ils sortirent ainsi du bourg et prirent un petit sentier rocailleux, inégal, encaissé de haies vives et s'enfonçant d'abord au milieu d'une plaine couverte de bruyère, pour aller ensuite courir par rampes brusques et sinueuses au flanc d'une montagne chargée de sapins noirs, qui s'ouvrait tout-à-coup comme une bouche gigantesque, et se trouvait coupée en deux par une gorge profonde se dirigeant au sud-est.

Depuis que le baron s'était fait entendre au znapan, le znapan avait éteint sa chanson, et, dominé par d'autres préoccupations, le baron ne prit garde à ce silence subit et se laissa aller bientôt, bercé par le pas cadencé de sa monture, à cette rêverie toute mélancolique qui s'empare si facilement du voyageur, la nuit, au milieu des campagnes muettes, paisibles, dont un léger souffle de vent, un oiseau nocturne ou un grillon troublent seuls le silence.

La lune, passant successivement derrière les nuages, tigrait plaines et coteaux d'ombres gigantesques et bizarres ; parfois, elle disparaissait complétement, et alors l'obscurité était profonde, et le baron avait toutes les peines du monde à voir trois pas devant lui le cheval de son guide.

Les nuages allaient se resserrant peu à peu : au moment où les deux cavaliers atteignirent l'entrée de la gorge, ils ne formèrent plus qu'une seule route noire et menaçante ; la lune disparut tout-à-fait, et les ténèbres devinrent si profondes que le baron sentit son cheval frissonner instinctivement sous lui.

Tout aussitôt la voix du znapan s'éleva de nouveau et continua sa chanson :

> Ce veneur maudit a Satan pour père ;
> Il est tout-puissant, il peut tout sur terre ;
> Il a, dans les bois, un château d'argent,
> Sa meute est ardente, et met hors d'haleine
> Un grand cerf dix cors en une heure à peine.
> Le noir veneur a pourtant un tourment,
> Il ne peut trouver une châtelaine
> Qui veuille, de lui, faire son amant.

— Ah çà, maraud ! s'écria le baron impressionné malgré lui, que me chantes-tu là ?

— La légende du veneur noir.

— Qu'est-ce que le veneur noir ?

— Vous le voyez bien, mon général, c'est le fils du diable.

— Le rencontrerons-nous en route? demanda M. de Nossac en riant.

— Dieu nous en préserve, mon général.

— Et pourquoi cela?

— Parce que ceux qui voient le veneur noir meurent dans les vingt-quatre heures.

— Ah! par exemple!

— A moins qu'ils n'aient une fille à marier...

— Ah! ah!

— Car on dit qu'il cherche femme, le veneur noir, et qu'aucune, noble châtelaine ou paysanne, ne veut de lui.

— Je n'ai pas de fille à marier, mais je cherche femme; si le veneur noir en avait une... mordieu! je crois que je l'épouserais.

Le baron achevait à peine ces mots d'un ton léger, qu'une voix stridente s'éleva dans les profondeurs de la gorge, à cinq cents mètres devant les cavaliers, et cette voix bien autrement accentuée et terrible que celle du znapan entonna un troisième couplet de la légende du veneur noir, couplet inconnu sans doute au znapan :

— Qu'a donc le châtelain, que son front est sévère,
Et qu'à l'heure où tout est calme sur cette terre,
Où tout dort, il demeure au coin de l'âtre, ainsi
 Qu'un trépassé qui vient de la ronde infernale,
 Qu'au carrefour des bois Satan, la nuit, étale,
 Et qui se veut asseoir encore une heure aussi
Au feu de sa maison, et frissonnant et pâle,
Se réchauffer avant qu'un vert rayon d'opale
Ait glissé, tremblottant, dans le ciel éclairci ?

. . . .

— Quelle est cette voix ? demanda le baron tressaillant et arrêtant court son cheval.

Mais le znapan ne répondit pas, soit

qu'il fût dominé par la terreur, soit qu'il n'eût point entendu l'interpellation.

La voix reprit :

> Le vieux châtelain est sexagénaire,
> Il a vu passer en quelque clairière
> Le cheval d'ébène et le veneur noir...
> — C'est qu'avant la nuit prochaine au manoir
> On verra des morts, et que dès ce soir
> L'aumônier dira sa morne prière.
> — Ce n'est point cela. Le grand veneur noir
> Est venu naguère heurter au manoir,
> Il a dit au vieux châtelain : « ce soir,
> Je veux aimer ta fille une nuit tout entière. »

—Mais quelle est donc cette voix ? s'écria le baron de Nossac. En ce moment un éclair jaillit de la voûte de nuages qui s'entr'ouvrit; cet éclair éclaira la gorge deux secondes, et à sa sinistre lueur, les deux voyageurs aperçurent immobile, au milieu de la route, un cavalier vêtu de noir, monté sur un cheval noir comme lui, et ayant masque de velours au visage et trompe de chasse sur l'épaule.

— Le veneur noir ! murmura le znapan d'une voix que l'effroi semblait étrangler.

— Par la mort Dieu ! s'écria le baron frissonnant et voulant dompter chez lui la terreur du danger par le danger lui-même, je veux le voir de près ce veneur terrible !

Et il poussa son cheval qui tremblait sous lui.

VI.

Le veneur noir, — car c'était bien lui, à en juger du moins par l'apparence, — le veneur noir, disons-nous, demeura immobile au milieu de la route, semblable à quelque génie colossal défendant l'entrée de cette noire et mystérieuse vallée aux simples mortels.

Il avait en effet, une taille véritablement gigantesque et comme on n'en trouve plus que dans le nord de la Germanie; son cheval, noir comme lui, parut au baron plus grand et plus fort que les autres animaux de sa race.

Mais monsieur de Nossac, s'il avait eu un premier mouvement de crainte, était assez brave pour maîtriser complétement sa terreur et son émotion dans l'espace de quelques secondes.

Le temps de galop qu'il fit pour arriver jusqu'au veneur, si court qu'il fût, suffit à lui rendre tout son sang-froid, et quand il ne se trouva plus qu'à vingt pas, il arrêta court sa monture et cria à l'étrange cavalier :

— Holà ! mon maître, place, s'il vous plaît ?

Le veneur noir ne répondit pas; mais il poussa son cheval à son tour et vint à la rencontre du baron.

Un second éclair entrouvrit les nuées, les sillonna rapidement et éclaira les deux cavaliers au moment où ils se trouvaient face à face, leur permettant ainsi de s'observer réciproquement.

— Eh bien ! demanda monsieur de Nossac avec courtoisie, mais d'un ton ferme et froid, votre seigneurie infernale me livrera-t-elle passage ?

— Ah ! ah ! ricana le veneur, vous paraissez me connaître, mon gentilhomme ?

— Parbleu ! dit le baron, on m'a raconté le commencement de votre histoire, et vous venez de me dire la fin, — le tout dans une ballade assez joliment rimée. Vous êtes le veneur noir...

— Tout comme vous le baron de Nossac.

Le baron, entendant prononcer son nom, fit un mouvement de surprise et d'inquiétude :

— Bah! dit-il, se dominant aussitôt, il est tout naturel qu'un fils du diable sache par cœur le grand armorial de France.

— Et vous y avez même, si j'ai bonne mémoire, mon gentilhomme, une assez belle place, vous datez des croisades, je crois?

— En effet. — Votre seigneurie voit-elle quelque inconvénient à ce que je continue ma route?

— Mon cher baron, répondit familièrement le veneur noir, vous êtes sur la limite de mes terres; je possède cette vallée et vingt lieues de forêts à l'entour; j'ai en outre un asssez beau castel à dix lieues d'ici. Vous voyez que je suis un châtelain fort présentable et qui ne ferait nullement une piètre figure à la cour d'un souverain quelconque, fût-ce mon cousin de Prusse ou de Russie.

— Je vous en félicite, fit le baron poliment, vous avez de superbes domaines. Seulement, s'il m'était permis de vous donner un conseil...

— Oh ! ne vous gênez pas. Je sais par cœur les œuvres d'un de vos poètes du dernier siècle, maître Nicolas Boileau, un homme d'esprit, baron, et qui, je le prévois, sera fort maltraité dans cent cinquante ans d'ici par une école de romantiques qui auront le défaut d'avoir plus de génie que de sens. Je me souviens d'un vers assez remarquable :

Aimez qu'on vous conseille, etc.

— Je me permettrai donc de vous engager, monseigneur, à éclairer un peu mieux les routes de votre domaine. Il fait noir ici comme dans une conscience de janséniste.

— Vous croyez? demanda sérieusement le veneur noir.

— Et je pense qu'il vous serait facile de distraire un ou deux tisons du brasier où se chauffe Sa Majesté votre père, depuis qu'elle a renoncé à se geler dans le paradis.

— Mon père a toujours froid, dit sèchement le veneur, et puis, ses hôtes sont si nombreux qu'il ne peut les frustrer ainsi. Par exemple, baron, reprit-il en ricanant, si, quand vous serez parmi eux, vous voulez me faire cadeau de votre part de feu pour me servir de réverbères et de lanternes, je l'accepterai avec grand plaisir !....

— Je regrette infiniment que ce ne soit pas tout de suite, répliqua le baron sur le même ton de persiflage, car je crains fort que mon guide ne se casse le cou avant qu'il soit peu : il est si fort effrayé déjà...

— Votre guide, baron, est au coin du feu à l'heure qu'il est.

— Ah! par exemple!

— Voyez plutôt.

Un troisième éclair parut obéir à un ordre mental du veneur noir et fit resplendir les roches tourmentées et les sombres taillis de la gorge dans le rayon d'un quart de lieue.

Le veneur étendit la main, le baron se retourna, explora la route, examina, chercha..., et ne vit plus rien.

Le znapan avait disparu.

Le baron poussa un cri de surprise.

— Où donc est-il passé?

— Il est auprès de ce feu que vous vouliez appauvrir naguères pour éclairer mes domaines. C'est un petit diablotin que mon père me prête de loin en loin.

— Eh bien! murmura le baron, me voilà magnifiquement campé!

— Je vous servirai de guide, mon cher.

— Vous me laisserez donc passer?

— Cela dépend. Oui, si c'est pour venir chez moi; non, si vous voulez continuer votre route.

—Mon cher monsieur de l'enfer, dit flegmatiquement le baron, ou vous êtes un mystificateur de bon goût, et alors je vous demanderai la permission de m'assurer si ma rapière est de même longueur que votre couteau de chasse...

— Ah! ah!

—Ou vous êtes réellement le fils, le neveu ou un parent quelconque du diable, et dans ce cas...

— Dans ce cas? baron...

— Voici une arme qui me délivrera peut-être de vous.

Et le baron posa la main sur son front et s'apprêta à faire le signe de croix.

Le veneur partit d'un éclat de rire.

— Mon cher baron, dit-il, j'ai Satan pour père, mais ma mère était une demoiselle de bonne noblesse et catholique.

J'ai été baptisé il y a neuf cent dix-sept ans, sous le règne de Charlemagne, dans la cathédrale d'Aix-la-Chapelle. Rengaînez donc votre signe de croix.

La main du baron redescendit.

—A quelle condition votre seigneurie veut-elle me laisser passer? demanda-t-il.

—Je viens de vous le dire, j'ai neuf-cent dix-sept ans, une belle et verte vieillesse, comme vous voyez; mais je m'ennuie prodigieusement. Vous êtes le plus spirituel gentilhomme de la cour de France,— et je me suis juré de vous avoir sous mon toit quelques jours. Pouvez-vous refuser cela à un vieillard.

—Avez-vous du vin passable demanda Nossac avec un calme superbe.

—J'ai du chambertin de 1500, de l'Aï

de 1630, du Johannisberg de 1463, et...

— Assez ! monseigneur, je vous suis.

—Eh bien ! dit le veneur noir, en route donc ! Et, quoique Satan, mon honoré père, me refuse un tison, nous allons avoir des torches !

Le veneur noir emboucha sa trompe, en tira une puissante et rauque mélodie, qui ressemblait assez bien à un de ces ouragans qui courbent sous leur vol bruyant les têtes frémissantes d'une forêt tout entière, et tout aussitôt les taillis environnants s'illuminèrent, et une douzaine de cavaliers, aussi rouges que leur maître était noir, surgirent, un brandon de résine enflammée à la main.

—Décidément, pensa le baron, j'ai réellement affaire au diable !

VII.

Les porteurs de torches étaient uniformément vêtus d'une casaque rouge, d'une culotte rouge, et leur visage, masqué comme celui du maître, était pareillement dissimulé sous un loup de velours rouge.

A travers ce loup, le baron crut voir étinceler des charbons qui remplaçaient assez bien les yeux.

— Oh! oh! fit-il, le veneur noir mentait; il y a là un atôme de la braise paternelle.

Le coup d'œil était réellement infernal, du reste, et il fallait être aussi brave que le gentilhomme français pour n'être point effrayé à la vue de ce colosse noir environné de ces fantômes rouges, — le tout éclairé par la lueur tremblottante et sinistre de la résine. Mais le cœur du baron ne battit pas une pulsation de plus, et son front demeura uni et calme.

— Mon cher hôte futur, dit-il au veneur noir, je vois que vous avez une maison bien montée, et je voudrais être déjà dans votre manoir pour juger du reste.

— Nous ne pourrons y arriver que ce soir.

— Bah ! quand on a le diable pour père, on doit bien faire dix-huit lieues en deux heures.

— Sans doute, mais mon nom vous indique suffisamment que je chasse tous les jours, et je veux chasser aujourd'hui.

— Ah ! ah !

— Je compte sur votre habileté de veneur, baron...

— Vous êtes trop bon mille fois.

— Mes fils font le bois, je vais les appeler.

— Vous avez donc des fils ?

— Quatre, baron.

— Je vous croyais célibataire, monseigneur.

— Vous n'avez donc pas entendu le dernier couplet de ma légende ?

Et le veneur noir, de sa voix retentissante entonna les derniers vers de ce chant étrange, qui avait appris au baron son existence et sa présence :

> — Ce n'est point cela. Le grand veneur noir
> Est venu naguère heurter au manoir,
> Il a dit au vieux châtelain : « ce soir,
> Je veux être à ta fille une nuit tout entière. »

— Sans doute, dit le baron en riant, mais cela ne nous dit point...

— Attendez donc, fit le veneur diabolique, attendez.

Et il reprit avec un timbre de joie bruyante dans la voix :

> Le vieux châtelain est mort de douleur,
> Raide on l'a trouvé, la main sur son cœur,

Quand les moines au cloître ont entonné matines;
Mais la châtelaine et le veneur noir
Avaient déjà fui bien loin du manoir;
Ils s'aimaient, dit-on. — Et quand vers le soir,
Résonnent au loin cloches argentines,
On entend chanter dans le fond des bois
Une voix puissante, une forte voix,
Qui fait trembler les monts et tressaillir la plaine,
Une voix qui dit : De la châtelaine
Quatre veneurs tout noirs sont issus en trois fois!

— Ainsi, fit le baron avec beaucoup de flegme, votre seigneurie a trois fils?

— Et une fille, mon gentilhomme.

— Bon ! s'écria gaiement M. de Nossac, me voici rassuré ! Je comprends si peu un souper sans femmes, que je redoutais de sabler vos crûs merveilleux en face de vos visages barbus et masculins.

— Vous aurez une femme à votre droite, baron.

— La fille de votre seigneurie?

— Oui, maître.

— Ah çà ! est-ce qu'elle est noire comme vous?

— Non pas, elle est blanche.

— Tant mieux !

— Elle a une dot immense.

— Elle est donc à marier ?

— Sans doute, je vous la destine.

— A moi ?

— A vous, mon gentilhomme.

— Ah ! par exemple, s'écria le baron, en voici bien d'une autre ! Et mes amis de Versailles s'amuseraient de me voir le gendre en perspective du fils du diable.

— C'est pour cela, baron, que je vous ai dépêché un diablotin subalterne qui vous a amené ici.

— C'était donc un piége?

— Du tout ; et pour preuve, si vous refusez de devenir mon gendre, il est temps encore pour vous de rétrograder. Je vous ferai reconduire à Marienwerder et je chasserai seul.

Le baron hésita une minute.

— Et, dit-il, si votre fille est laide...

— Si vous la trouvez telle, vous refuserez.

— Ma foi ! fit Nossac joyeux, du chambertin de 1500, du johannisberg de 1463 et une jolie fille valent bien la peine qu'on tente l'aventure. J'irai jusqu'au bout ! Qu'ils viennent du diable ou de Dieu, du paradis ou de l'enfer, le vieux vin et les femmes belles n'en ont pas moins de mérite.

Le veneur noir emboucha sa trompe et en tira une fanfare si puissante et si forte, que les taillis et les rochers en tremblèrent, et que les échos prochains ou éloignés la répétèrent avec un mugissant ensemble, qui eût fait paraître bien pâle cette bouffonnerie musicale qu'on nomme le *Galop infernal* de Musard. Au moment où le dernier écho s'éteignait, la même fanfare recommença en même temps avec une vigueur pareille dans les bois environnants et dans des directions différentes ; — tout aussitôt arrivèrent du sud et du nord, du levant et du couchant, quatre cavaliers noirs comme le veneur, masqués comme lui, comme lui la trompe à la bouche, dardant des yeux de flamme à travers l'ébène de leur masque.

— Voici mes fils, dit le veneur.

Deux étaient aussi grands que leur père, aussi bien découplés, aussi largement bâtis que lui ; seulement, sous le masque de l'un perçait une barbe déjà grisonnante, tandis que celle de l'autre était d'un noir lisse et lustré qui attestait la jeunesse.

Le premier pouvait bien avoir vingt ans de plus que le second.

Les deux autres moins grands, moins forts, étaient exactement de la même taille, et ils avaient tous deux la barbe blonde.

Ils étaient jumeaux.

Ils s'approchèrent l'un après l'autre de leur père, s'inclinèrent devant le baron et parlèrent au veneur noir dans une langue inconnue qui ne ressemblait ni à l'allemand, ni au slavon, ni au russe, langue entièrement différente de celles que les simples mortels emploient d'un hémisphère à l'autre.

— Vent-du-nord, dit le veneur noir à l'aîné, quelle brisée avez-vous?

— Un buffle, mon père.

— Et vous, Vent-du-midi? fit-il, s'adressant au second.

— Un ours, mon père.

— Et vous, Bise-d'hiver? continua le veneur, s'adressant à l'un des deux jumeaux.

— Un sanglier, répondit Bise-d'Hiver.

— Et vous, Brise-de-nuit?

— Un élan.

— Oh! oh! pensa le baron, voici quatre veneurs qui ont des noms singuliers.

— Vous trouvez, dit le veneur noir répondant à la réflexion mentale du baron. C'est tout simple, cependant : j'ai appelé le premier Vent-du-nord, parce qu'il a fait le bois dans la forêt septentrionale; le second, Vent-du-midi, parce qu'il vient du sud; le troisième, Bise-d'hiver, parce qu'ici le vent d'hiver vient de l'ouest; et le quatrième, Brise-de-nuit, parce que l'haleine nocturne qui courbe les taillis arrive de l'Orient. Il a fait la brisée dans la forêt de l'est.

— C'est fort ingénieux, murmura M. de Nossac.

— Chacun d'eux, poursuivit le veneur, a un nom encore, mais un nom de saint que ma femme leur a donné, et qu'ils ne porteront que lorsqu'un prêtre les aura baptisés.

— Ah! ah!

—Or, dit le veneur, je n'ai pu en trouver un encore, — tous les hommes qui me voyent ayant l'habitude de mourir de peur.

— Tiens, fit le baron, est-ce que je serais brave?

— Si brave, répondit le veneur noir, que je crois enfin avoir un gendre. Il y a dix ans que je le cherche.

— Ah! çà, demanda le baron inquiet, quel âge a donc votre fille?

— Vingt-cinq ans.

— Pas plus?

— C'est bien assez.

— Et, continua le baron, elle est mortelle, hein?

— Hélas!

— Ah! tant mieux! murmura-t-il soulagé.

—Pourquoi ce *tant mieux?*

— Parce qu'une femme est quelquefois fort ennuyeuse au bout de huit ou dix ans, et qu'elle pourrait bien devenir insupportable, si elle était éternelle.

— Soyez tranquille, dit tristement le veneur noir; moi seul suis immortel; mes enfants subissent la loi commune; et pour preuve, voyez la barbe grise de Vent-du-Nord, il a quarante ans ; Vent-du-Midi n'en a que trente, aussi sa barbe est-elle noire; Brise-de-Nuit et Bise-d'Hiver ont dix-huit ans à peine, et la leur est blonde.

— Très-bien; je suis rassuré.

— Maintenant, mon maître, continua le veneur noir; il est temps de chasser. Choisissez, que voulez-vous courre aujourd'hui : un ours, un buffle, un élan ou un sanglier ?

Le baron réfléchit.

— Un ours ou un élan, l'un et l'autre me plaisent.

— L'un et l'autre, en ce cas.

— En un jour ?

— Parbleu ! dit le veneur en étendant la main vers l'Orient qu'une teinte mélangée de blanc et d'opale colorait légèrement ; il est quatre heures à peine et il ne pleuvra pas, nous avons le temps.

Le baron leva les yeux à son tour vers le ciel.

La voûte plombée de nuages sombres qui pesait opaque naguère sur sa tête s'était déchirée en mille endroits, au travers desquels apparaissaient des lambeaux de ciel bleu cendré, et les éclairs qui, jusquelà, n'avaient cessé de la sillonner, s'étaient éteints un à un, comme des lampes devenues inutiles.

Les torches de son fils avaient, sans nul

doute, engagé Satan à faire des économies d'éclairage.

— Ah ! çà, s'écria M. de Nossac, jusqu'à présent, mon cher hôte, malgré tout ce qui se passe de merveilleux autour de moi, je n'ai pu croire à ce rôle de fils du Diable que vous jouez si bien ; mais me voici contraint de reconnaître que vous devez être décidément un personnage surnaturel. Quand on commande à l'orage et qu'on disperse les nuées du ciel en quelques secondes...

— Il faut être le Diable ou tout au moins son fils, n'est-ce pas ?

— Justement.

— Puisque vous voulez du surnaturel pour vous convaincre, baron, je vais vous en servir. Nous avons bien ici chevaux et veneurs, mais les chiens nous manquent. Eh bien ! vous allez en voir.

Le veneur noir approcha sa terrible trompe de ses lèvres et recommença sa fanfare.

Dès les premières notes, il s'éleva dans les taillis voisins et de tous côtés un ouragan sans exemple, un concert infernal d'aboiements, une sonnerie gigantesque de voix aiguës ou sonores.

Le baron porta, étourdi, les deux mains à ses oreilles, et s'écria :

— Vous avez donc dix mille chiens !

— Non point dix mille, mais cinq ou six cents. Voyez vous-même.

En même temps qu'il s'était bouché les oreilles, le baron avait instinctivement fermé les yeux; quand il les ouvrit, il aperçut la vallée, qu'éclairaient de compte à demi les torches et les premières clartés de l'aube, entièrement couverte de chiens, tous couplés, divisés en quatre équipages et tenus en respect par des valets entièrement vêtus de blanc, comme les veneurs l'étaient de noir, et les porte-torches de rouge.

Le premier équipage se composait de cent vingt mâtins de l'inlande, zébrés de bandes noires et de bandes fauves, hauts comme des ânes, la tête carrée, les dents longues d'un pouce, et les yeux sanglants et enflammés.

C'était l'équipage de l'ours.

Le second, celui du buffle, avait un nombre égal de grands dogues du Cap, entièrement feu, et tout aussi hauts, quoique moins épais et plus grêles que les mâtins.

Le troisième, celui du sanglier, avait été recruté parmi ces magnifiques chiens Céris de Saintonge, une des plus belles races des grands chiens d'ordre de l'Ouest.

Le quatrième enfin, qui était l'élan, était bien le plus beau, le plus imposant qu'il se pût voir. Il se composait de quatre-vingts lévriers entièrement noirs, et de cette belle espèce bretonne presque perdue aujourd'hui, — de ces grands lévriers hauts comme des chevaux corses, à la tête longue d'un pied de roi, à l'ongle crochu comme les chats, et que les barons du moyen-âge employaient à chasser les paysans qui, réfugiés dans les bois, refusaient de se soumettre à la glèbe et à la corvée.

Le veneur noir rejeta sa trompe sur l'épaule, et les chiens se turent soudain.

Le baron les contemplait avec admiration.

— Mon hôte splendide, dit-il au veneur noir, ne doterez-vous point votre fille de quelques-uns de ces superbes animaux ?

— De tous, si vous le désirez, baron.

— Morbleu ! exclama M. de Nossac, je me contenterais d'une pareille dot. Le roi de France me donnerait bien pour les avoir cinq à six de ses provinces.

— En chasse, baron ! en chasse ! voici le jour qui vient. Et je ne veux point voir le soleil.

— Pourquoi cela ?

— Parce que nous sommes brouillés, voilà tout.

— Mais si vous chassez tous les jours ?

— Mes forêts sont trop sombres pour qu'il y pénètre. En chasse !

Il reprit sa trompe et se mit en devoir de sonner le départ; mais il s'arrêta aussitôt :

— Baron, dit-il, vous avez un mauvais cheval, mettez pied à terre, en voici un autre.

Le baron leva les yeux et vit un magnifique étalon, blanc comme neige, caparaçonné richement et tenu en main par l'un des porte-torches.

Il ne se fit point répéter l'injonction et sauta d'une selle dans l'autre, sans toucher la terre.

Aussitôt il lui sembla qu'une force inconnue et sans pareille le vissait sur sa nouvelle monture, et que, se resserrant, l'étrier devenait un étau et lui étreignait le pied.

Était-ce illusion ou réalité ?

La fanfare retentit, — cette fanfare colossale qui ressemblait à un tremblement de terre, les chiens furent découplés et s'élancèrent dans la forêt, les cavaliers bondirent derrière eux; — alors le baron eut le vertige, il frissonna une fois encore en se sentant emporté par un cheval qui paraissait, tant sa course était folle et rapide, ne point toucher la terre, et en voyant galoper à côté de lui le veneur noir et ses quatre fils s'entretenant entre eux dans leur langue inconnue.

Le veneur noir avait dit vrai, ses forêts étaient sombres, et la rouge lueur des torches qui couraient en tous sens à travers les arbres, ainsi qu'une ronde échevelée de feux follets et de fantômes, ne suffisait qu'imparfaitement à en éclairer les ténébreuses profondeurs.

Les chiens menaient un train d'enfer et semblaient ne plus avoir qu'une seule et formidable voix, tant ils *donnaient* avec ensemble; de temps à autre, le baron les voyait paraître et disparaître dans le lointain, suivis de près par les cavaliers vêtus de rouge, la torche au poing en guise d'épieu ou de mousqueton, et serrant eux-mêmes de très près un ours gigantesque qui se retournait parfois mêlant un grognement terrible et sourd à leur hurlante harmonie.

En même temps, la trompe à la bouche, les cinq veneurs noirs sonnaient des *bien-aller* non moins retentissants que la fameuse fanfare, puis le vacarme de la trompe des veneurs, uni aux aboiements de la meute, devint tel que bientôt le délire s'empara de M. de Nossac. Il crut faire un long et pénible rêve.

Il assista à la mort de l'ours, il entendit l'halalli et fit la curée de l'élan sans avoir trop conscience de ce qu'il faisait, de ce qu'il entendait, de ce qu'il voyait... Et quand, enfin, après dix heures de cette course infernale, il vit tout-à-coup disparaître et s'éteindre les torches, disparaître et s'évanouir comme des ombres les cavaliers rouges qui les portaient, — et succéder à la sombre voûte de feuillage sous laquelle il courait depuis le matin la voûte étoilée du ciel éclairé en plein par les rayons de la lune, — il crut sortir d'un lourd cauchemar et avoir dormi un siècle.

Il avait passé d'une nuit à l'autre sans voir le jour qui les séparait.

Dans le lointain, sur un roc escarpé qui

surplombait un torrent, était une masse
gigantesque et sombre, tigrée çà et là d'un
point lumineux.

— Voilà mon castel, dit le veneur noir
en étendant la main, il est illuminé et on
nous attend.

VIII.

Le baron suivit des yeux la direction que prenait la main du veneur noir, aperçut et examina rapidement le castel, puis se retourna :

Chiens, valets, porte-torches, tout avait disparu!

A ses côtés galopaient les quatre fils du veneur qui, lui-même, marchait en avant.

Qu'était devenue cette étrange cohue, ce pêle-mêle sans nom de chiens, de chevaux et d'hommes?

Cette solitude subite, ce silence instantané succédant en quelques secondes à la foule, au tumulte qui l'environnaient peu avant, achevèrent de dégriser le baron, et lui rendirent tout son sang-froid.

—Ah çà, pensa-t-il, j'ai décidément bien affaire au diable, il n'y a plus à en douter. Ce qui se passe autour de moi est plus que surnaturel.

Malgré leur dix heures de steeple chase, les chevaux ne paraissaient nullement hors d'haleine, ils galopaient toujours avec une fantastique vitesse.

L'espace d'une lieue qui séparait le château de la lisière des forêts fut franchi par eux en dix-huit minutes environ, et ils s'arrêtèrent bientôt au bord du torrent qui rongeait et polissait le roc sur lequel il était fièrement campé.

Ce torrent était large, profond, et roulait avec un lugubre fracas.

Le baron n'aperçut aucun pont d'abord ; mais avec plus d'attention, il finit par remarquer un tronc de sapin jeté en travers, joignant les deux rives par son étroite superficie.

— Est-ce que nous allons passer là-dessus ? demanda-t-il avec un certain effroi ; car l'eau mugissait à deux toises au-dessous, avec un bruit sourd qui eût glacé d'épouvante les plus hardis.

— Parbleu! répondit le veneur noir, en poussant vigoureusement son cheval qui posa un pied assuré sur l'étroite plate-forme et s'y engagea au trot.

Après le père, passèrent les quatre fils.

Le baron n'hésita plus, il éperonna sa monture, qui, elle aussi, passa au grand trot et sans broncher au-dessus de l'abîme.

Alors, quand tous les cinq eurent touché l'autre rive, le veneur noir se retourna, et, sans quitter la selle, se baissa jusqu'à terre, — comme ces écuyers du Cirque, qui, au galop, sans s'arrêter, ramassent un bâton dans l'arène, — se cramponna d'une main au pommeau, saisit de l'autre l'extrémité du tronc de sapin, le souleva malgré son poids énorme, le balança une seconde dans le vide, puis le rejeta dans l'abîme, où il alla décrire un moulinet effrayant et s'engloutir avec un strident fracas.

— Nous voici chez nous, dit tranquillement le veneur noir.

Le baron admira, en frissonnant, cette force herculéenne, puis regarda devant lui.

Il était sur une sorte de terrasse de deux mètres environ de largeur, au pied d'un rocher à pic supportant la masse imposante du château.

— A moins que les chevaux de l'enfer n'aient des ailes, pensa M. de Nossac, l'ascension sera difficile.

Mais le veneur noir reprit la tête du cortége, fit dix pas à gauche et se trouva à l'entrée d'une sorte d'escalier à marches étroites, presque perpendiculaires, qu'un piéton n'eût gravi qu'en se signant à plusieurs reprises avec dévotion.

Néanmoins, le cheval du fils du diable posa résolument les pieds de devant sur la première marche, puis sur la seconde, et commença à monter d'un pas rapide, arrachant au roc poli des myriades d'étincelles, sans jamais broncher et comme si des crampons d'acier eussent subitement poussé à ses sabots garnis de fer.

— Bon! pensa le baron qui commençait à se familiariser avec cette succession de prodiges, il paraît que mon hôte tire ses chevaux des écuries de son père. L'enfer seul en peut produire de pareils.

Cette fois, au lieu de fermer le cortége, il devança les quatre fils du veneur noir et s'avança après lui vers la première marche du raide escalier.

Le cheval monta sans nulle hésitation.

— Il y est habitué, se dit M. de Nossac.

L'escalier avait deux cent quatre-vingt-dix-sept marches. Les chevaux les gravirent en dix minutes, et bientôt le baron et ses hôtes se trouvèrent sur une deuxième plate-forme, de laquelle surgissaient les murs du château. C'était un gothique manoir avec fossés profonds, taillés dans le roc vif, tourelles élancées et pointues, sveltes clochetons, ogives nerveuses et fines, créneaux noirs et lourds, beffroi gigantesque, toiture moussue, murs épais, machicoulis formidables, girouettes rouillées grinçant et pleurant aux brutales caresses du vent nocturne, écusson gravé sur le fronton de la porte principale et souterrains longs d'une lieue, creusés à travers la roche et correspondant mystérieusement avec les forêts et les plaines d'alentour.

Le baron qui se piquait d'archéologie examina attentivement le château et le trouva assez pur de style, à l'exception toutefois de quelques anachronismes légers qui disparaissaient assez bien dans l'ensemble. Puis comme il était également versé dans la noble science du blason, il arrêta son regard sur l'écusson que les rayons de la lune éclairaient tout à fait en plein. L'écusson était bizarre.

— Parbleu! s'écria M. de Nossac gaîment, je voudrais bien savoir, mon cher hôte, à quel armorial appartiennent ces armes-là? — deux boucs pour supports, une fourche et un tison en sautoir sur un champ de contre-hermine, c'est-à-dire de larmes blanches sur un fond noir ; — le tout surmonté d'un tortil de baron semé de perles royales.

— Ces armes-là, répondit le veneur noir, sont celles de mon père, Satan, écartelées de la couronne de baron du châtelain mon beau-père, dont j'ai hérité.

Le baron reporta les yeux sur le manoir. De nombreuses lumières brillaient derrière les vitraux de couleur des fenêtres ogivales. Des ombres opaques ou demi-diaphanes passaient et repassaient rapides derrière ces mêmes vitraux. Mais aucun bruit, aucun souffle, aucune parole ai ent la vie et le mouvement à l'intérieur.

Le château était silencieux comme une tombe.

Le veneur noir s'arrêta devant le pont-levis qui était relevé, emboucha la trompe et en tira les trois appels usités au moyen-âge parmi les chevaliers errants qui demandaient l'hospitalité à une heure avancée de la nuit.

La herse du pont s'abaissa en criant, et le veneur passa. Ils arrivèrent tous les cinq dans la cour du manoir, la cour était déserte.

Le veneur mit pied à terre, ses fils l'imitèrent, et le baron fit comme eux.

— Venez, baron, dit le veneur en le prenant par le bras. Je meurs de faim.

Il sembla à celui ci que la main du veneur était brûlante et l'étreignait comme un étau ; il se laissa entraîner et gravit côte à côte avec lui les marches du perron.

Les quatre veneurs montèrent derrière eux.

— Et les chevaux? demanda tout-à-coup le baron en se retournant.

Les chevaux avaient disparu, sans qu'aucun palefrenier s'en emparât.

— Morbleu! pensa M. de Nossac, mon aventure prend des proportions telles, que si jamais je la conte à Versailles, Richelieu lui-même n'y voudra point croire.

La porte du manoir s'ouvrit lentement comme s'était abaissé le pont-levis, sans que nul parût.

Le veneur noir en franchit le seuil, tenant toujours le baron par le bras, et ils entrèrent dans un immense vestibule éclairé par quatre torches fixées au mur.

Au milieu était un large escalier à marches de marbre noir semées de larmes blanches comme le champ d'armes de l'écusson.

Le veneur noir et son hôte gravirent cet escalier, prirent à droite, arrivés au premier repos, et entrèrent dans une pièce non moins vaste que le vestibule, pareillement éclairée et tendue de noir avec des larmes d'argent.

— Il paraît, pensa le baron, que le maître de céans a un orgueil nobiliaire excessif, il répète ses armes partout.

Ils traversèrent cette pièce, puis une autre et une autre encore tendues de même couleur, — et ils arrivèrent ainsi à la salle à manger du manoir.

Cette pièce était, tout au contraire des autres, tendue de blanc avec des larmes noires.

— La variété lacrymale me plaît, murmura le baron.

Au milieu de cette pièce, était dressée une table somptueuse, sur laquelle fumaient les mets les plus exquis et miroitaient des vins si clairs, si brillants de coloris, qu'il était facile de voir que le châtelain n'avait point menti sur la date.

Aucun valet ne se présentait, — la salle était déserte, seulement, dans un coin, sur une estrade de velours noir, était un cercueil.

A sa vue, le baron fit un pas en arrière et frissonna.

— C'est le cercueil de ma femme, dit froidement le veneur noir.

— Elle est donc morte ?
— Depuis dix ans.

— Et... elle est là ?..

— Oui, sans doute. Voyez.

Le veneur entraîna le baron qui le suivit sans résistance; il le conduisit vers le cercueil et souleva le drap mortuaire.

Une femme, jeune à en juger par l'ébène de sa chevelure ruisselant en boucles lustrées sur la neige du linceul, belle si l'on examinait le bas du visage, car un masque pareil à celui des veneurs en cachait la partie supérieure, était couchée immobile et froide dans le cercueil.

On eût dit qu'elle dormait, tant son bras avait conservé de molle souplesse dans les articulations, tant, sous sa peau transparente, étaient visibles encore ses veines bleues qui paraissaient renfermer un sang en pleine circulation.

— Mais elle n'est point morte ! c'est impossible, exclama le baron.

— Elle est morte depuis dix ans.

— Dix ans ! Et elle est ainsi conservée ?

— C'est mon père qui l'a embaumée.

— Mais quel âge avait-elle donc ?

— Soixante-dix ans.

— On lui en donnerait à peine trente ?

— Mon père l'a refaite ainsi en l'embaumant. Il était de belle humeur ce jour-là.

— Et vous la laissez-là ? Vous ne l'inhumez point ?

— Non, dit le veneur, car il faut pour la porter en terre une main de chrétien.

— Vous l'êtes, il me semble ?

— A moitié seulement. Il faut un chrétien tout pur ; j'ai songé à vous.

Nossac frémit et se regarda dans une

glace de Venise placée en face de lui. Il était fort pâle et ses lèvres tremblaient.

— A table, baron, dit le veneur noir, j'ai faim.

Nossac se dirigea vers la place que lui indiqua son hôte.

Les quatre fils se placèrent les uns à côté des autres, — et alors le baron remarqua qu'une place était vide à côté de lui et une autre à côté du veneur.

La porte s'ouvrit au même instant, — une femme entra.

C'était une jeune fille de vingt-quatre à vingt-cinq ans, blonde, dorée, éblouissante, avec de grands yeux bleus emplis d'une vague et suave langueur, une bouche rose, mignonne, garnie de perles, de petites mains frêles, diaphanes, effilées, un pied de fée qui effleurait le sol à peine; une taille souple, svelte, pleine d'amoureuses ondulations...

A sa vue, le baron poussa un cri d'admiration, oublia ses terreurs de la journée, le veneur noir, ses fils silencieux et mornes, ce cercueil placé en face de la table, comme pour leur enlever l'appétit et leur défendre toute joie; — il ne vit plus, il n'entendit plus que la jeune fille qui fit le tour de la table et alla poser ses lèvres roses sur le front d'ébène de son père en lui disant :

— Bonjour, cher veneur noir, mon père !

Puis elle alla à chacun de ses frères, leur mit également un baiser au front, en leur disant bonjour par leur nom; elle s'inclina profondément ensuite devant le baron et revint s'asseoir à la droite de son père.

— Voilà votre femme, dit le veneur noir.

Le baron crut voir, au milieu de ses hôtes infernaux, le ciel s'entr'ouvrir devant lui, — mais son ivresse fut glacée et refoulée soudain au plus profond de son cœur par une voix qui retentit à l'extrémité de la salle, fraîche, sonore, quoique emplie d'un accent railleur.

Le baron leva vivement les yeux, vit le drap mortuaire qui recouvrait le cercueil soulevé et la défunte assise sur son séant :

— Baron de Nossac, disait la morte, puisque vous devez me porter en terre, vous ne refuserez pas de me servir de cavalier ce soir et de me conduire à table; venez me donner la main.

Le baron sentit ses cheveux se hérisser

tandis qu'une sueur froide inondait ses tempes. Vainement il appela à son aide sa présence d'esprit et son sang-froid, et il fût inévitablement tombé à la renverse, si son œil éperdu n'eût rencontré l'œil fascinateur, l'œil céleste et suppliant de la jeune fille qui semblait lui dire :

— Obéissez !

Alors il sentit son effroi s'en aller, il se leva et marcha résolument vers la morte, qui descendit impassible et raide de son cercueil, et il s'inclina devant elle avec une courtoisie qui sentait le meilleur temps de Versailles.

— Merci ! dit la trépassée en plaçant sa main glacée dans la main du baron, qui tressaillit et frissonna de nouveau à ce contact.

IX.

La trépassée s'appuya sur le bras temblant du baron et marcha vers la place vide qui lui était sans doute réservée, avec la lente raideur d'un automate.

IX.

La trépassée s'appuya sur le bras tremblant du baron et marcha vers la place vide qui lui était sans doute réservée, avec la lente raideur d'un automate.

Elle s'assit à la droite de son cavalier et lui dit :

— A table, monsieur le baron : votre appétit a dû être mis à l'épreuve par une journée de chasse.

— En effet, balbutia M. de Nossac.

Le veneur noir prit alors son couteau de chasse qui pendait encore à son flanc, dépeça avec une habileté prodigieuse le quartier de venaison qui fumait sur la table ; puis en envoya un morceau à chacun des convives, commençant par le baron, suivant la mode hospitalière d'Allemagne, au lieu d'obéir à l'usage français et de servir les dames tout d'abord.

M. de Nossac était ému, sans doute, mais la terreur ne le dominait jamais assez complétement pour lui enlever sa dernière parcelle de sang-froid.

Il s'aperçut donc de ce manque de galanterie et le corrigea de son mieux, en offrant son assiette à sa voisine la trépassée.

— Merci ! répondit-elle d'une voix glacée.

Elle plaça l'assiette devant elle, mais n'y toucha pas.

Cinq minutes après, l'un des fils de la morte, celui qui se nommait *Vent-du-Nord*, et qui était le plus vieux, se leva gravement et vint enlever l'assiette pleine encore, qu'il remplaça par une autre également chargée.

Le baron de Nossac croyait rêver, — et n'eût été le rayonnant visage de la jeune fille qui lui souriait de temps en temps d'un air ingénu et candide, il eût certainement douté de sa propre existence.

Le repas avait une couleur funèbre, en parfaite harmonie avec les tentures de la salle et ses étranges hôtes.

Le veneur noir mangeait avec une gloutonnerie tudesque, ses fils l'imitaient assez bien : seule, la jeune fille effleurait à peine son verre et les mets qu'on lui servait, comme un oiseau coquet et mignard qui, se trouvant dans la même volière que des hiboux voraces, des orfraies affamées, leur voudrait donner une leçon de délicatesse et de savoir vivre en picorant à peine çà et là quelques menus grains de mil.

Quant à la châtelaine trépassée, elle ne mangeait pas ; — mais chacun de ses fils venait, à tour de rôle, renouveler son assiette et changer son verre.

Le baron, un moment dominé par la terreur, reprit peu à peu son sang-froid railleur et finit par en revenir à son idée première, — c'est-à-dire qu'il était le jouet d'une mystification terrible qu'il lui fallait supporter à tout prix d'abord, afin d'en triompher ensuite. Aussi, le doux regard de la jeune fille l'aidant, il prit la parole le premier et dit au veneur noir :

— Vous êtes, mon cher hôte, silencieux comme la tombe de madame la châtelaine.

— Vous trouvez ? fit le veneur d'un ton farouche, qui donna à comprendre au baron que la plaisanterie était déplacée.

En même temps, quatre éclairs jaillirent simultanément des quatre masques des fils du veneur, et le front de la jeune fille s'assombrit d'une mélancolie grave et triste.

Le baron comprit qu'il avait fait une faute et se tut.

Mais la trépassée, qui gardait le silence depuis dix minutes, jugea de son goût de le rompre, et elle dit au baron :

— N'êtes-vous pas veuf, monsieur de Nossac ?

A cette brusque question faite d'un ton railleur, le baron tressaillit et jeta un regard effrayé à la trépassée. Sous le masque de celle-ci, bruissait un rire sourd et moqueur, tandis que ses yeux froids et ternes comme des yeux de mort reluisaient, ainsi que des poignards, au travers de ce même masque.

M. de Nossac rencontra ce regard glacé,

et son tressaillement redevint de la terreur :

— Où avez-vous pu apprendre... balbutia-t-il.

— Les morts savent tout.

— C'est juste, murmura le baron, mais cependant...

— Et je connais même votre femme.

M. de Nossac fit un soubresaut et, pâle, la voix étranglée, il se fût, sans nul doute, levé de table, si la main glacée de la trépassée ne se fût appuyée sur la sienne pour le retenir.

— Restez donc ! fit-elle avec lenteur, vous êtes pétulant comme tout gentilhomme de la cour de France, et vous oubliez que nous sommes ici sur les frontières de Hongrie.

La sueur de l'angoisse perlait aux tempes du baron; il écoutait la voix de la trépassée avec cette attention morne et désespérée d'un condamné écoutant sa sentence de mort;—à mesure que cette voix bruissait métallique et raide comme le timbre d'airain d'une horloge, — il lui semblait qu'il l'avait entendue quelque part.

— Vous êtes veuf d'une femme assez belle, disait-on à Paris, poursuivit la trépassée, et qui même vous a laissé une grande fortune, dit-on encore.

Le baron tremblait de tous ses membres et regardait la morte avec stupeur.

— Ne vous étonnez point de me voir si bien instruite, monsieur le baron; mon époux que voilà a dû vous dire que j'étais la bru de Satan, et Satan sait tout, comme bien vous pensez...

M. de Nossac ouvrit la bouche et voulut parler, mais aucune parole ne put se faire jour à travers sa gorge crispée. La châtelaine défunte continua :

— La baronne de Nossac, votre femme, a, paraît-il, fait un singulier testament. Elle vous a imposé, dit-on, l'obligation de vous remarier dans le délai de deux années, sous peine de voir sa fortune retourner à ses héritiers naturels.

Cette fois le baron n'y tint plus, et l'œil hagard, le visage contracté par la peur, il s'écria :

— Êtes-vous la baronne elle-même, qui vient me reprocher ma lâche conduite et sort de la tombe pour me railler ?

La trépassée répondit par un éclat de rire :

— Mon cher baron, dit-elle, je commence à croire que le remords vous trouble assez fort l'esprit pour vous montrer en moi cette femme...

— Vous avez sa voix...

— Vous trouvez ?

Et le rire moqueur et glacé de la morte bruit de nouveau avec un timbre lugubre dans cette salle funéraire.

Une fois encore le baron voulut se lever et fuir, mais la main de la morte le cloua immobile sur son siége :

— Baron, fit la châtelaine, vous êtes fou et je vous le pardonne, en considération du lieu où vous êtes; mais croyez bien une chose, c'est que si j'étais votre femme, comme vous le prétendez, j'aurais ôté mon masque déjà pour vous montrer mon visage... La reconnaissance serait au moins curieuse.

La trépassée allait au-devant de l'objection qui errait sur les lèvres du baron.

Mais M. de Nossac était, avant tout, l'homme des interpellations brusques et de la spontanéité :

— Madame, demanda-t-il, pourquoi ne l'ôtez-vous point pour me rassurer?

— Parce que je ne le puis, ni mon époux ni mes fils...

— Et... pourquoi ?

— Si vous avez bien réfléchi aux sinistres paroles de la légende du veneur noir, vous aurez remarqué que la vue du veneur frappe de mort tout ce qui est humain.

— Je l'admets pour le veneur et ses fils... mais vous...

— Mon époux m'a communiqué le même et fatal privilége.

— Mais votre fille ?

— Ma fille seule est exempte de ce don funeste. C'est une bizarrerie de son aïeul, qui l'a voulu ainsi. En revanche, si jamais nous nous démasquions devant elle, elle mourrait sur le coup.

— Cordieu! s'écria le baron, réussissant enfin à dominer complétement son effroi, et pris soudain d'un accès d'audace chevaleresque, je veux avoir le cœur net de tout cela. Si mademoiselle...

Et il désigna la fille.

— Si mademoiselle veut consentir à s'éloigner, je demande, moi, à vous voir tous les six le masque bas, et je m'engage à vous regarder en face, votre visage fût-il aussi effrayant que celui de Satan lui-même.

— Prenez garde, baron, murmura la

morte dont la voix railleuse timbra soudain d'une nuance de menace.

— Je m'appelle Nossac, répondit fièrement le baron.

Le veneur noir et ses quatre fils échangèrent un menaçant regard, mais ne dirent mot.

— Eh bien! dit la trépassée, offrez votre main à ma fille, et conduisez-la dans la pièce voisine; vous reviendrez seul... si vous l'osez!

Ne l'eût-il point osé deux secondes auparavant, que M. de Nossac s'en fût senti le courage maintenant qu'il avait à toucher la main de cette éblouissante jeune fille dont le sourire l'enchantait. Il se leva donc résolument, alla vers elle et lui offrit son bras.

La jeune fille avait soudain pâli, —

mais la morte lui dit impérieusement :

— Allez !

Et elle se leva à son tour et mit sa main blanche dans les mains du baron.

Cette main tremblait.

— Venez, mademoiselle, dit Nossac, dont la voix s'altéra de nouveau sous le poids d'une indicible émotion.

Et il marcha lentement, comme s'il eût voulu prolonger le plus possible ce trajet si court et sentir la main de la jeune fille dans sa main.

Ils sortirent ainsi de la salle et entrèrent dans la pièce voisine.

Là, Nossac s'arrêta, hésitant.

— Venez, venez, murmura la jeune fille en l'entraînant encore, allons un peu plus loin !

Ils traversèrent la deuxième pièce et pénétrèrent dans la troisième.

Dans celle-là était un vaste sofa en velours noir parsemé, comme les tentures, de larmes blanches.

Le baron y conduisit sa compagne, l'y fit asseoir, puis recula d'un pas pour la saluer.

Soudain la jeune fille joignit les mains avec un geste de prière.

— N'y allez pas ! murmura-t-elle.

Un fin sourire glissa sur les lèvres du baron.

— J'irai, dit-il.
— Vous en mourrez...
— En êtes-vous bien sûre ?
— Oui ! oui.
— Eh bien ! écoutez-moi.
— Que voulez-vous ? fit-elle avec un re-

gard charmant de coquetterie suppliante.

—Vous a-t-on dit que j'étais l'époux qu'on vous destinait?

— Oui.

—Cela vous afflige-t-il?

La jeune fille hésita.

—Non, dit-elle enfin.

—M'aimerez-vous?

Elle hésita encore.

— Je ne sais pas, fit-elle.

— Eh bien! si ne voulez pas, quelque grand, quelque terrible que soit le danger, si vous ne voulez pas que j'y succombe, dites un seul mot.

Elle le regarda étonnée.

— Un mot qui me serve de talisman, un mot qui me couvre comme une égide, reprit-il avec feu.

Elle le regarda une fois encore, mais

son étonnement avait fait place à la prière :

— N'y allez pas, fit-elle.

— Je serais un lâche si j'hésitais.

— Mais vous allez à la mort !

— Peut-être, si vous me refusez ce mot. Non, à coup sûr, s'il s'échappe de vos lèvres...

— Eh bien ! fit-elle en prenant sa main.... eh bien !.....

— Elle s'arrêta et rougit.

— Eh bien ? interrogea-t-il avec angoisse.

— Eh bien ! reprit-elle, monsieur le baron de Nossac...

Une fois encore elle s'arrêta pleine d'hésitations.

—Oh ! dites, demanda le baron joignant les mains avec un geste et un regard suppliants.

—Je vous aime... murmura-t-elle en cachant son front dans ses doigts entrelacés.

— Merci, s'écria le baron.

Il entoura sa taille avec son bras, mit sur ce front qui rougissait un baiser ardent; puis, la main à la garde de son épée, la tête haute et fièrement renversée en arrière, il marcha d'un pas ferme vers la salle du festin où l'attendaient ses terribles convives, et, arrivé à la porte, il la poussa sans hésiter.

Le veneur noir et ses quatre fils avaient mis bas leurs masques, la châtelaine pareillement.

Mais le baron les eut envisagés à peine qu'il poussa un cri, posa la main sur son cœur et s'appuya au mur, défaillant et pâle...

Il avait sous les yeux six faces de squelette, six têtes de mort placées sur des épaules vivantes, en apparence du moins, six têtes qui grimaçaient et se contractaient affreusement, les unes sous une chevelure blonde, les autres sous des cheveux noirs ou gris, — l'une enfin, celle de la trépassée, sur un col de cygne, blanc, pur de formes, de contour et de mouvements, — sous la plus soyeuse et la plus belle chevelure qui ait couronné un front de femme.

Mais ce qu'il y avait surtout d'effrayant, c'étaient ces yeux ardents qui brillaient au travers de ce visage décharné et rongé à demi par les vers du cercueil ; ces yeux qui se levèrent simultanément avec une expression de menaçant et railleur défi sur le baron, qui osait affronter ainsi un pareil spectacle.

— Vous êtes pâle et vous frissonnez, baron... dit la morte avec ses lèvres de squelette.

Le baron frissonnait et était pâle, en effet; mais le défi, de quelque bouche et de quelque lieu qu'il vienne, est un stimulant tout puissant; — et le baron releva soudain la tête et répondit :

— Je pâlis et je frissonne si peu, madame, que je veux achever de souper avec vous!

Et il s'avança vers la table avec une stoïque assurance, et reprit la place qu'il occupait naguères.

X.

Les six squelettes se regardaient avec un étonnement mêlé d'admiration. Le courage du baron devenait presque de la folie.

— Baron, dit la trépassée en laissant

passer un rire funeste au travers de ses lèvres décharnées, je vous fais amende honorable, vous êtes un preux chevalier.

— Vous êtes mille fois trop bonne, madame, répondit Nossac, — et si le proverbe *conseil vaut éloge* est de quelque justesse, je me permettrai de vous faire une légère prière.

— Ah ! fit la morte, voyons !

— Prenez le bout de votre serviette, madame...

— Bien. Après ?

— Vous avez un ver sur la joue.

Un éclair de colère jaillit des yeux des cinq veneurs noirs. Mais le baron, qui s'exaltait dans la peur comme dans l'intrépidité, le baron muet et glacé peu avant, et maintenant dominant en maître la situation, — le baron s'écria avec un éclat de rire aussi railleur que le ton de la trépassée :

— Vous voulez jouer au terrible et à l'épouvantable avec moi, messieurs les damnés et les revenants, j'essaie, vous le voyez, de me mettre à votre niveau.

— Boirez-vous, demanda le vieux veneur en ricanant, oserez-vous boire et manger ?

— Si vous me laissez de quoi, oui vraiment; car, tudieu ! mes maîtres, tout trépassés que vous êtes tous...

— Vous vous trompez, baron, dit le veneur noir, mes fils et moi sommes bien vivants.

— Alors, pourquoi ces faces décharnées?

— Parce que mon père Satan a aimé ma mère après sa mort.

Le baron tressaillit légèrement, mais il se remit aussitôt :

— Ce doit être une curieuse histoire, dit-il, sans rien perdre de son accent de persiflage.

— Et que je suis prêt à vous conter, mon maître.

— Je suis tout disposé à l'entendre. Mais d'abord, mon cher hôte, versez-moi du vin. Au train dont vous allez, vous et vos fils, il se pourrait bien faire que les flacons fussent vides avant peu. C'est ce que je voulais dire tout-à-l'heure.

— Buvez, mon maître. Et quand les flacons seront vides...

— Vous en aurez d'autres, n'est-ce pas ?

— Sans nul doute.

— Vidons-les, alors ; car je serais curieux de voir enfin vos serviteurs. Jusqu'à présent...

— Vous en êtes aux conjectures, voulez-vous dire ?

— Précisément.

— J'emprunte mes domestiques à mon père.

— Ah ! très-bien. Voyons l'histoire.

Le veneur approcha son verre empli jusqu'au bord de ses lèvres de squelette, et, tandis que le baron lui faisait raison en s'inclinant devant la trépassée, il s'exprima ainsi :

— J'ai dû vous le dire, je suis né sous le règne de Charlemagne. Ma mère vivait à cette époque. Ma mère était une demoiselle de fort bonne noblesse et d'un esprit accompli. En ce siècle d'ignorance où elle vivait, alors qu'on tirait vanité de ne savoir point écrire, ma mère parlait et écrivait plusieurs langues, l'hébreu et le syriaque entre autres.

De plus, ma mère était incrédule à l'endroit de plusieurs dogmes de la loi chrétienne ; elle doutait entièrement de l'existence du diable, et par suite, de celle de l'enfer. En vain son chapelain lui prêchait-il matin et soir de fort beaux discours sur le lieu de supplices et d'expiations éternelles où mon père préside, en vain encore sa mère, pieuse femme, lui disait-elle : Ma fille, tu seras damnée pour punition de ne point croire à l'enfer, — ma mère souriait et haussait les épaules. Satan, mon père, écoutait ces paroles impies et riait à son tour ; — mais ma mère était si belle qu'il se prenait à souhaiter parfois d'être un simple mortel pour l'épouser et l'aimer. Or, il se dit un jour qu'il lui était facile d'arriver à ce résultat en prenant une forme humaine. Il se logea dans le corps d'un chevalier assez bien tourné et de belle taille qui venait de se faire occire dans une bataillle livrée aux Sarrasins, et il se présenta chez la demoiselle, après lui avoir envoyé toutefois son écuyer Séduction, porteur de riches et rares présents.

Mais la demoiselle était vertueuse quoique incrédule, et mon père n'y put rien. Elle demeura vierge en dépit de tout.

— Heureusement, pensa mon père, que la petite sera damnée, et qu'elle mourra un jour ou l'autre.

Les prévisions de mon père se réalisèrent. Un jour, en allant assister à un tournoi que donnait le roi Charlemagne, ma mère, montée sur une haquenée blanche, passa auprès d'une vieille tour qui tombait en ruines et branlait au vent....

Sur le faîte de cette tour, un poète allemand rêvait auprès d'un nid de cigogne.

Voyant venir ma mère, le poète, qui était curieux, interrompit les dactyles latins qu'il était en train de composer, et se pencha en avant. La pierre sur laquelle il reposait se détacha, et il se trouva lancé dans le vide.

Le hasard voulut qu'il allât tomber et se briser le crâne à dix pas en avant de ma mère, qui mourut de peur presque sur le coup.

Ma mère morte, son âme prit en droite ligne la route de l'enfer, qu'elle avait toujours nié, et elle trouva, sur la porte même, Satan, mon père, qui lui offrit la main, avec une exquise galanterie, et la conduisit auprès de l'âtre éternel, devant lequel elle devait se rôtir à petit feu pendant la consommation des siècles.

Ma mère, de son vivant, était une petite maîtresse usant des parfums et des eaux mystérieuses qu'inventaient et colportaient alors par tout le globe les Arabes vagabonds ; elle fit donc une affreuse grimace en approchant du foyer paternel, où il fait si chaud en toute saison. Elle se repentit amèrement de son incrédulité ; mais, hélas, c'était trop tard !...

Mon père en eut pitié cependant, et lui dit :

— Gente demoiselle, si vous voulez m'aimer huit jours consécutifs, je vous rendrai à Dieu qui vous a donnée à moi et il vous placera dans son paradis, où la brise est fraîche et le feu moins ardent.

— Vous aimer! fit ma mère avec dédain ; allons donc !

Et elle s'assit au coin du feu de mon père avec une stoïque résignation.

Pendant huit jours, elle eut le courage de brûler, mais le neuvième elle n'y tint plus :

— Soit ! dit-elle.

Mon père, que la brûlante atmosphère où il vit ordinairement rend très-frileux, s'enveloppa dans son manteau et monta sur la terre.

Guidé par les rayons de la lune, il s'achemina lestement vers le cimetière où ma mère était enterrée, gratta la terre de son pied fourchu, mit à nu le cercueil, l'ouvrit et en retira le corps de ma mère dans lequel il remit son âme qu'il avait apportée dans un coin de son manteau. L'âme rajustée au corps, ma mère se leva et marcha, s'enveloppant les épaules et le visage dans les plis de son suaire blanc :

— En route ! lui dit mon père.

— Où allons-nous ?

— Chez vous, dans votre castel.

La morte s'achemina lentement vers la ville d'Aix-la-Chapelle, où son père, qui était un riche seigneur, avait un palais somptueux : elle arriva, suivie par mon père qui grelottait, à la porte de ce palais. La porte s'ouvrit devant elle, elle entra, monta l'escalier, arriva à son appartement, désert depuis sa mort, et poussa les verrous quand mon père fut entré. Alors celui-ci frotta son ongle crochu contre l'une de ses cornes et en tira une myriade d'étincelles qui allumèrent une torche fixée dans le mur par un crampon de fer.

Puis, à la lueur de cette torche, il examina ma mère ; mais il l'eut envisagée à peine, qu'il poussa un cri d'horreur ! Pendant les huit jours que son corps avait passés au cercueil, les vers avaient eu le temps de lui ronger le visage.

Mais mon père n'avait qu'une parole. Il avait promis, il tint sa promesse, et je naquis neuf mois après.

Seulement, je ressemblais à ma mère, et c'est pour cela que je porte un masque pour être moins hideux.

Ma mère était sortie de sa tombe pour me mettre au monde. Mon grand-père me trouva, un matin, sur le lit de sa fille, et, sans trop savoir d'où je provenais, il me fit baptiser à tout hasard.

Le prêtre qui me donna l'eau mourut de frayeur. Néanmoins, j'étais chrétien. Malheureusement, mon père s'empara de de moi peu après, et je n'ai gagné à mon baptême qu'une seule chose: d'être à l'épreuve des signes de croix. Pour tout le reste, je suis le fils du diable!

Le baron avait écouté avec beaucoup de calme cette étrange histoire : quand le veneur noir eut fini, il s'écria :

— Vos contes sont aussi merveilleux que vos vins. A boire! mon hôte.

— Buvez ! répondit le veneur. Et maintenant, pour peu que la fantaisie vous en prenne, nous danserons.

M. de Nossac commençait à avoir la tête chaude.

— Je le veux bien, dit-il.

Et, se levant de table, il offrit sa main à la trépassée, qui l'accepta.

Tout aussitôt deux des fils du veneur noir prirent la table toute chargée dans leurs robustes bras et la portèrent dans un coin.

Au même instant un orchestre invisible se fit entendre; — cet orchestre préluda d'abord, puis mugit, puis tonna avec une stridente et terrible harmonie, et le baron, dont la tête commençait à tourner, se sentit emporté par sa danseuse, au bruit infernal d'une valse que n'avait notée, à coup sûr, aucun compositeur humain, et qui résonna étrange et bizarrement effrayante, sous les lambris pleins d'échos des salles voisines.

En même temps, les quatre fils du veneur noir s'enlacèrent deux par deux, tandis que leur père allait s'asseoir sur le cercueil même de la morte; et ce fut une ronde infernable dans toute l'acception du terme, une véritable danse de sabbat que celle qui eut lieu alors.

Combien dura-t-elle? — Certainement le baron ne le sut point, quand, haletant, sans forces, brisé et la tête alourdie, il vint se laisser tomber sur son siége, les yeux à demi fermés et étourdi.

La trépassée s'inclina devant lui avec dignité, remit son masque et remonta dans son cercueil où elle se coucha et reprit son immobilité première.

— Les cinq veneurs se remasquèrent à leur tour, et alors le père dit au baron :

— Il est tard, mon jeune maître, et vous devez avoir besoin de repos. Votre appartement est prêt.

Et, ce disant, il frappa sur un timbre.

La jeune fille qui avait si fort impressionné Nossac parut aussitôt, vint à lui souriante et le prit par la main :

— Venez, dit-elle.

La vue de la jeune fille rendit au baron, que l'ivresse gagnait de plus en plus, un peu de sa présence d'esprit.

Il eut assez de forces pour saluer ses hôtes et suivre la jeune fille, dont la main pressait doucement la sienne.

Elle le conduisit à travers les salles qu'il avait déjà parcourues, lui fit gravir le grand escalier et le mena à l'étage supérieur.

Là elle ouvrit une porte et l'introduisit dans une chambre à tentures noires pareilles à celles du bas, mais aussi confortablement meublée que possible, et telle qu'en rêvent les voyageurs dans un pays inculte et barbare où ils sont privés de tout luxe.

— Dormez, lui dit-elle, en lui indiquant le lit.

Et son sourire était doux, naïf, presque angélique.

Le baron secoua alors, en présence de cette rayonnante enfant, la torpeur de l'ivresse qui envahissait ses membres et étreignait sa raison, et, posant ses lèvres sur ses mains diaphanes, fléchissant un genou devant elle et la regardant d'un air suppliant, il lui dit :

— Oh ! dites-moi que je fais un rêve... un rêve affreux, et qu'il n'est pas possible que vous si belle, si pure, si naïve, vous soyez de la même race que tous ces suppôts de l'enfer que je quitte ; — dites-moi que tout cela est un cauchemar, que je dors tout debout, qu'il est impossible...

— Chut! dit-elle, en lui posant sur la bouche ses doigts effilés et roses; chut!

— Oh! non, laissez-moi vous questionner... vous demander... Il est impossible que, si belle, vous soyez...

La jeune fille parut hésiter, frémir, se troubler; puis soudain, faisant un effort suprême, elle approcha ses lèvres du front du baron et murmura:

— C'est peut-être la mort que j'appelle sur ma tête, mais je vous aime... Je dirai tout!

— Oh! parlez! s'écria M. de Nossac, je suis là pour vous défendre!

— Eh bien! fit-elle frissonnante, vous avez été un lion jusqu'à présent, soyez-le jusqu'au bout... Mettez votre épée sous votre chevet et veillez!... Vous êtes le jouet d'une comédie terrible!

Et comme si elle eût craint d'en avoir trop dit, elle s'enfuit et ferma la porte sur elle. Nossac voulut courir et la poursuivre, mais une force invincible, l'inertie de l'ivresse le cloua au sol, et la tête recommença à lui tourner. Il n'eut que le temps de placer son épée à son chevet et de se jeter sur son lit.

Un sommeil de plomb, une léthargie sans égale s'empara de lui aussitôt.

Et aussitôt aussi la porte fermée par la jeune fille s'ouvrit avec fracas, et une forme blanche entra dans la chambre et marcha vers le lit du pas lent et mesuré des fantômes.

XI.

Au bruit qui se fit, M. de Nossac s'éveilla en sursaut, ouvrit les yeux et voulut se lever. Mais ce réveil fut bien plus moral que physique, car il ne put, quelques efforts qu'il fît, remuer aucun de ses membres, et vit arriver à lui, au milieu des ténèbres cette forme impassible et muette, sans que sa langue pût jeter un cri, sans qu'il pût reculer lui-même jusqu'à la ruelle du lit. La forme blanche avança jusqu'à lui et posa quelque chose de froid sur son front.

Ce quelque chose était une main.

Puis elle s'assit au chevet et se pencha tout-à-fait sur le baron.

Le baron était dans une situation terrible : il voyait cet être étrange dont il ne pouvait trop se définir à lui-même le sexe et la race. Il le voyait incliné sur lui, il sentait sa respiration aussi glacée que sa main ; son front frissonnait à ce contact, ses cheveux se hérissaient, et il ne pouvait cependant ni crier, ni se débattre, ni demander grâce ou raison.

Le fantôme, c'en était un sans doute, se coucha tout-à-fait côte à côte avec M. de Nossac, puis appuya ses lèvres sur son col nu, — et M. de Nossac sentit soudain une sorte de piqûre légère et peu douloureuse, mais qui acheva de l'épouvanter. Il avait affaire à un de ces monstres si connus en Hongrie et en Bohême, qu'on nomme des vampires, et sur lesquels un moine, le père dom Calmet, venait précisément, il y avait deux ou trois ans à peine, d'écrire un fort beau livre où il prouvait, clair comme le jour, que rien n'est plus naturel que le vampirisme.

L'angoisse du baron, pendant tout le temps que dura la succion fatale, est difficile à peindre.

Frappé de paralysie dans tous ses membres et dans sa langue elle-même, il avait conservé le toucher, l'ouïe et la vue. Il voyait, il entendait le vampire qui respirait par saccades, il le sentait allongé sur lui, aspirant son sang avec une âpre avidité, et, chose étrange! malgré l'effroi et la douleur qu'il en ressentait, il éprouvait une sorte de volupté indéfinissable, une âcre jouissance à cet atroce contact.

Et, à mesure que le vampire buvait son sang, la douleur première qu'il avait éprouvée s'amoindrissait et passait à l'état de pure sensation, tandis que lui-même, de plus en plus engourdi, sentait l'alourdissement de sa tête tomber sur son cœur, et une faiblesse extraordinaire en apparence, mais qui n'était que le corollaire inévitable de la perte de son sang, s'étendait à tous ses membres paralysés.

Au bout de vingt minutes environ, le vampire s'arrêta.

— Vous avez le sang rose et frais, baron, murmura-t-il.

Le baron eût fait sans doute un soubresaut, s'il n'eût été complétement paralysé. Cette voix, c'était celle qui l'avait déjà si fort ému et troublé, celle de la châtelaine morte avec qui il avait bu et dansé. Un frémissement imperceptible de tous ses membres indiqua seul au vampire ce que sa voix venait de lui faire ressentir.

— Ah! murmura-t-il, vous me reconnaissez, baron?... je suis votre danseuse de cette nuit et je vous donne une grande preuve d'amour, à l'heure qu'il est.

Le baron frémit de nouveau et fit un suprême et inutile effort pour parler et se débattre.

— Je crois, poursuivit la morte, n'avoir plus besoin de vous expliquer par un mensonge comment, dix années après ma mort, j'ai la chair aussi souple, le bras aussi arrondi et le col si rose et si blanc... Vous le voyez, je suis vampire.

Vous avez un sang admirable, baron, je vous jure que je le ménagerai et le ferai durer longtemps. Je vous accorde un grand mois de vie.

M. de Nossac ne pouvait ni bouger, ni crier; mais la souffrance morale qu'il éprouvait à ces paroles était telle, qu'une sueur glacée découlait de sa chevelure le long de ses tempes.

— Et maintenant, poursuivit le vampire, dormez et prenez du repos pour réparer les pertes que vous avez faites à mon profit.

Et, ce disant, la châtelaine trépassée versa le contenu d'une petite fiole sur le col du baron.

La liqueur qui s'en échappa était tiède et gluante; il sembla au baron qu'elle pénétrait tout entière dans ses veines appauvries par la blessure que le vampire lui avait faite avec ses dents, et qu'elle y répandait une indéfinissable sensation de bien-être.

Le vampire se leva alors et lui dit :

— Adieu... à demain.

Et il s'en alla du même pas mesuré et lent, et ferma la porte sur lui.

Presque aussitôt les yeux du baron, ouverts tout le temps que le vampire était demeuré près de lui, se fermèrent sous le poids d'un sommeil invincible, mais dégagé de cette ivresse lourde et pénible qui caractérisait le premier auquel il avait cédé après le départ de la jeune fille, et il s'endormit paisiblement, cédant à un besoin de repos motivé par une faiblesse inaccoutumée.

. . . .

Le baron dormit plusieurs heures consécutives; quand il s'éveilla, le soleil levant venait s'ébattre au milieu de la chambre qu'il occupait, léchant paresseusement les rideaux du lit, et brisant ses rayons éblouissants aux funèbres tentures de la pièce.

M. de Nossac était faible et brisé; mais la paralysie avait disparu, et cela suffisait pour qu'il fût capable des plus grands efforts.

Un rayon de soleil!

Il y avait deux jours qu'il n'en avait

vu, et depuis ces deux jours il s'était passé tant de mystères, de choses effrayantes et inouïes autour de lui et devant lui, sous ses yeux et à ses oreilles, qu'il avait besoin de voir, d'aspirer, de s'enivrer de tout ce qui était la bonne, la naïve, la simple nature de Dieu, — pour ne point douter de sa propre existence et conserver sa raison. Il se leva donc précipitamment, il courut à l'une des croisées, il l'ouvrit violemment et plongea sa tête avide et son œil ardent en dehors....

Il avait devant lui, sous ses yeux, le plus charmant paysage qui fût sorti de la palette de l'Éternel. Sous les murs du château s'étendait une prairie, vaste d'une lieue, plantée d'arbres. Au milieu de cette prairie, un ruisseau ; à son extrémité, la lisière d'une forêt de bouleaux et de sapins, épaisse, touffue, mais agitant de la façon la plus naturelle ses panaches verts au souffle du vent matinal, et n'ayant dans son aspect rien d'effrayant et de satanique.

Entre la prairie et la forêt un petit village qu'on eût dit, de loin, tant il était propre et coquet, être un de ces villages de bois et de carton qu'on fait venir de Nuremberg la veille de Noël, et qu'on place dans leur boîte sur le lit des enfants; — un petit village qui s'allongeait avec un cortége de jardins, de saules pleureurs et de haies d'aubépine; aux alentours de ce village, une population de paysans, bergers ou laboureurs s'occupait des divers travaux des champs.

M. de Nossac demeura stupéfait devant ce calme et bucolique tableau.

Ce roc à pic, aride, morne, surplombant un torrent déchaîné et furieux; ce torrent lui-même, tout avait disparu comme par enchantement.

Le baron avait cru s'éveiller au milieu d'un site tourmenté, sauvage, non moins infernal que le château qui l'abritait et que les maîtres de ce château, — et, tout au contraire, il se trouvait au sein même d'un pastiche de Florian traduit au pinceau, avec des bergères enrubannées, des laboureurs chantant de gais refrains, des fermes lavées et peignées comme des cottages, et un castel qui, malgré son attitude imposante d'un style moyen-âge, avait, en plein soleil, cet air doux et pacifique d'un vieux châtelain revenu des croisades, et devenu indulgent et facile pour ses serfs et ses vassaux, par l'unique raison qu'il avait été lui-même esclave des Maures quelques dix années.

Tout cela était si imprévu, si nouveau pour un homme qui depuis quarante-huit heures n'avait vu la lumière du jour et s'était trouvé face à face avec le fils du diable, une morte qui parlait et dansait, un vampire qui l'avait mordu et sucé au col, que notre héros, après avoir aspiré l'air frais du matin avec délices et exposé son front encore alourdi aux rayons inoffensifs du soleil levant, se demanda sérieusement s'il n'avait point fait un rêve.

Mais son esprit rejeta cette supposition presque aussitôt. Comment de l'auberge où il s'était endormi l'avant-veille après avoir pris congé du roi Stanislas, aurait-il été transporté en ce lieu ?

C'était la première fois depuis longtemps

que le baron se trouvait seul et l'esprit à peu près dispos. Il se mit donc à rêver et à réfléchir, essayant d'analyser ou plutôt de s'expliquer les sensations diverses et les étranges événements au milieu desquels il était ainsi plongé.

M. de Nossac appartenait à un siècle incrédule et philosophe entre tous les siècles, il sortait à peine des orgies de la régence, il était incrédule deux jours auparavant, comme le plus entêté des matérialistes ; — cependant, après ce qu'il avait vu et entendu, le scepticisme devenait impossible, et il eut beau se répéter qu'il y avait une mystification au fond de tous ces mystères, il ne put se convaincre que le surnaturel n'eût pas joué le rôle principal dans ce qui s'était passé sous ses yeux la veille. Néanmoins, en déroulant un à un tous ces souvenirs confus encore, il se souvint des paroles échappées à la jeune fille, qu'il avait trouvée si belle au milieu de ces squelettes affreux, de ces paroles qui devenaient presque une révélation :

— Vous êtes le jouet d'une comédie terrible !

Mais ces faces décharnées, où les vers se traînaient hideux et fétides?

Ce cadavre descendant de sa tombe ?

Ce vampire le suçant ?

M. de Nossac courut à une glace qu'il se souvenait avoir vue, la veille, sur la cheminée, et regarda son col.

Son col était tigré de quelques gouttes de sang, et il avait sur le milieu, sur cette petite excroissance nommée familièrement *la pomme d'Adam*, une légère déchirure, une écorchure sans importance, dont il était assez difficile d'indiquer la source véritable.

Il n'avait donc pas rêvé !

— Décidément, pensa-t-il, il se passe autour de moi des choses tellement extraordinaires, qu'il faut avoir fait de la chimie avec feu le Régent, commandé le régiment de royal-cravate et passé six années de sa vie dans les ruelles de Versailles, pour ne point devenir fou à lier.

Une autre pensée, pensée affreuse et désespérante, l'assaillit instantanément, comme il prononçait le mot de *fou*.

— Si je l'étais ! fit-il.

Il retourna à la croisée, plongea de nouveau ses regards vers l'horizon, les promena des lointains vaporeux et bleuâtres aux lignes plus rapprochées de la prairie et du village, se rendant compte lentement et avec une logique raisonnée de mathématicien des sensations actuelles qu'il éprouvait, et, bien convaincu enfin qu'il avait la plénitude de ses facultés intellectuelles, il fut obligé de se dire :

— Je ne suis pas fou.

Il se reprit à rêver silencieusement encore pendant quelques minutes, puis il ajouta :

— C'est le cas ou jamais de dire : le diable seul peut me tirer de pareil imbroglio. Si je savais le latin, je l'y perdrais jusqu'à la dernière syllabe.

Un petit éclat de rire, frais, mutin, coquet et mignard, un rire de jeune fille, moitié rouée, moitié naïve, un rire comme il en échappe parfois à un liseré bleu de royal Saint-Denis et comme en étudient éternellement les actrices d'opéra-comique, se fit entendre sous la croisée et interrompit les réflexions laborieuses du baron.

Il ramena son regard, qui errait à l'horizon, sur la lèvre de gazon qui servait de ceinture au château, et il reconnut, enlacés au bras l'un de l'autre et se promenant dans la prairie, l'un des fils du veneur noir et la jeune fille qui lui avait servi de guide.

Le veneur portait le même costume que la veille, la jeune fille pareillement. Seulement, le veneur était démasqué, et le baron crut, une fois de plus, qu'il rêvait les yeux ouverts, quand il se fut aperçu que le jeune homme était sans masque, et qu'au lieu de son visage de squelette décharné et rongé de vers, il avait une figure presque imberbe, rose, franche, ouverte, éclairée par deux grands yeux bleus, et rayonnant d'un bon et expansif sourire qui certes n'avait rien d'infernal. Quant à la jeune fille, elle était vêtue comme la veille, mais elle parut encore plus belle au baron.

M. de Nossac, qu'ils n'avaient aperçu ni l'un ni l'autre, se pencha le plus qu'il lui fut possible pour écouter et saisir quelques mots de leur conversation, qui paraissait vive et joyeuse.

Ils ne parlaient point cette langue bizarre des veneurs noirs, mais du bon allemand de Berlin, de Stuttgard ou d'Heidelberg, un allemand fort pur et fort correct.

Le jeune veneur qui devait être Bise-d'Hiver ou Brise-de-Nuit, était maintenant appelé Wilhem par sa sœur, qu'à son tour il appelait Rochen.

La stupéfaction du baron allait croissant, quand, pour la mettre à son comble, la porte s'ouvrit à deux battants et livra passage au veneur noir et à ses trois autres fils, — démasqués tous quatre, l'œil riant et le visage aussi frais et aussi humain que possible.

Les faces de squelette avaient disparu.

XII.

La stupéfaction du baron fut grande.

Les veneurs avaient des visages parfaitement humains et, de plus, assez avenants.

Le premier, celui qui était le père des autres ou du moins qui passait pour tel, était un homme d'environ cinquante-huit ans, vert, ingambe, à en juger par les véritables tours de force et d'intrépidité juvénile qu'il avait accomplis la veille, — les cheveux encore noirs, semés çà et là de quelques ténus filons argentés ; la barbe complétement noire et bien fournie, l'œil brillant, la lèvre rouge et retroussée à l'autrichienne, le nez d'aigle et les dents aiguës et blanches.

Le second, celui que la veille on avait appelé *Vent-du-Nord*, et qui, sous le masque, avait la barbe grise, le second, disons-nous, avait trente ans à peine, la moustache lustrée et d'un beau jais, et point de barbe. — Où était donc la barbe grise ?

Le troisième, *Vent-du-Midi*, ressemblait fort à son frère, mais il était plus jeune de deux ou trois ans, et sa barbe était vierge et devenue blonde, de noire qu'elle était la veille.

Le quatrième enfin, *Brise-de-Nuit*, était le plus ravissant adolescent qui jamais ait usé les bancs des Universités d'Oxfort ou d'Heidelberg, de Bonn ou de Salamanque, avec ses chausses orange à faveurs ponceau ou grenat tendre. Yeux bleus, cheveux cendrés, moustache déliée, naissante, coquettement retroussée en croc et se détachant à peine sur le blanc rosé de deux joues satinées et féminines, bouche rêveuse, ayant à la fois le pli du rire et le pli des pleurs, une bouche d'où la prière d'amour, la strophe mélancolique d'un page sous une persienne espagnole, le langage imagé d'un amant poète et impitoyablement rebuté, pouvait découler aussi bien qu'en jaillirait, à l'occasion, l'hymne étincelant et railleur de l'ivresse, la chanson cavalière et fringante de l'étudiant allemand qui s'en allait, alors, au cours de ses professeurs avec la rapière en verrouil.

— Eh bien! mon cher baron, dit le père des veneurs, comment avez-vous dormi sous mon toit?

— A merveille! répondit le baron, ma nuit a été aussi infernale qu'on pût le désirer, sous le toit d'un fils du diable. J'ai été sucé par un vampire.

Le veneur noir poussa un éclat de rire, un éclat de rire bien franc, bien rondement naïf, bonhomme à un degré suprême.

— Mon cher baron, dit-il, vous êtes l'homme le plus brave que j'aie rencontré, le gentilhomme le plus intrépide et le plus accompli qui soit au service du roi de France.

— Vous trouvez? demanda froidement M. de Nossac.

— Et je crois inutile de vous soumettre à de nouvelles épreuves. Vous êtes au-dessus de toute terreur, mon cher baron. Avant de vous expliquer les événements qui se sont accomplis sous vos yeux, permettez-moi de vous assurer que ni moi, ni mes fils, n'avons rien de commun avec le diable. Je suis le comte de Holdengrasburg, et voici mes fils Hermann, Conrad et Samuel. Wilhem est avec Rochen dans la prairie ; je vous les présenterai tout-à-l'heure.

Et le comte de Holdengrasburg se pencha à la croisée et appela

— Wilhem? Rochen ?

Puis il se retourna vers le baron, —

son bon et franc sourire aux lèvres.

Mais le baron, tout au contraire, était devenu pâle, et acérait son regard comme une pointe d'acier.

Le poing sur la hanche, la tête renversée en arrière avec une expression hautaine, il examinait froidement le comte de Holdengrasburg :

— Monsieur, dit-il enfin, vous êtes gentilshommes, vous et vos fils, d'après ce que je vois ; j'espère que vos fils et vous comprendrez tout ce qu'il y a de grave et de triste dans une mystification infligée à un gentilhomme... Je le suis.

— Je vous comprends, monsieur, répondit le comte avec une froide dignité ; ni moi ni mes fils ne vous ferons défaut, si vous vous croyez offensé. Maintenant m'accorderez-vous dix minutes ?

— Pourquoi faire, monsieur ?

— Pour justifier notre conduite étrange en apparence.

— Oh ! très-étrange !

— Et vous prouver que ce que vous appelez une mystification est bien plutôt une nécessité.

— Ah ! ah !

— Veuillez m'écouter.

— Je vous écoute.

— Je ne suis pas le veneur noir, ce personnage à demi-fantastique, dont le nom est populaire en Bohême ; mais la tradition veut que je descende de lui en droite ligne.

— J'approuve la généalogie, murmura le baron en ricanant.

— Cette descendance n'est pas une recommandation dans le pays. Mes aïeux, tout pauvres, tout transis de froid qu'ils étaient dans leur castel lézardé et branlant au vent, mes aïeux, jouissaient dans le pays d'une mauvaise réputation Ils étaient honnêtes, mais on disait que les fils de Satan jouaient ce rôle de loyauté par hypocrisie ; ils étaient humains envers leurs serfs et leurs vassaux, la médisance allait jusqu'à prétendre que, s'ils exemptaient les malheureux de la corvée et de la schlague, c'était par pure insouciance, se réservant de torturer leur âme en enfer pour se dédommager d'avoir épargné leur corps. Mes ancêtres avaient toutes les peines du monde à se marier. Un châtelain ne leur accordait sa fille que lorsqu'il était complétement ruiné, mal en cour, réduit au désespoir, et n'espérant plus pour reconstruire l'édifice écroulé de sa fortune et de son crédit, qu'en cette alliance infernale..

Non point, croyez-le bien, que mes ancêtres fussent riches, — je crois vous l'avoir dit, ils étaient de bien pauvres seigneurs ; — mais quand on voyait se détacher et tomber, chaque jour, une pierre de leur castel, la chronique scandaleuse de Bohême s'écriait :

— Que leur importe ! quand ils le voudront, le diable, leur père, leur en rebâtira un plus grand et plus beau, — un château d'argent, comme celui du veneur noir.

Parmi les châtelains nos voisins, quelques-uns ajoutaient foi à notre fabuleuse origine, et nous redoutaient; les autres, plus hardis et moins crédules, profitaient, sans scrupule aucun, de cette sorte de proscription tacite, de ce muet ostracisme qui nous frappait, et empiétaient çà et là sur nos domaines, nous volant, tantôt un coin de terre, tantôt une futaie, tantôt un taillis. Notre patrimoine allait se rétrécissant, et nous n'osions, certes, ni nous défendre ni nous plaindre, car juges et rois nous eussent condamnés avant de nous entendre.

Ceci dura plusieurs siècles : on nous redoutait toujours et on nous volait en même temps. Il y avait des évêques qui accordaient des indulgences et promettaient la vie éternelle à ceux qui défricheraient pour leur propre compte les champs de l'enfer et oseraient faire une coupe dans les bois des mécréans.

Mon père fut la dernière victime de ce fanatisme et de ces rapines. Il mourut presque de faim, n'ayant que moi à son chevet d'agonie.

J'étais un tout jeune homme, j'avais quinze ou seize ans peut-être, et la vie se présentait à moi dure et presque inexorable. Je triomphai de la vie.

Je pris au chevet de mon père mort une vieille épée qui datait des croisades, je ceignis mes reins de la ceinture du voyageur et je partis. Je me dirigeai vers l'Orient, mendiant mon pain sur les routes, couchant au revers des fossés, mais ayant une fière mine sous mes haillons, et un visage assez beau pour me faire remarquer des femmes, qui, de leur croisée, me voyaient passer dans les villes.

Je marchai bien longtemps ainsi, je dormis bien des nuits en plein air, je mangeai plus souvent encore le pain noir des bûcherons et des paysans. Enfin, j'arrivai en Bulgarie.

Là, on adorait Mahomet et on ne connaissait ni le veneur noir, ni sa race.

J'entrai au service d'un prince bulgare, je devins officier dans ses armées, puis général, et je fus honoré de son amitié particulière.

J'épousai une princesse bulgare, de laquelle j'eus quatre fils et une fille.

Mais, tout Oriental que j'étais devenu, j'aimais ma chère Allemagne par-dessus tout et ne pouvais me résoudre à l'oublier, ni même à renoncer à l'espoir d'y retourner vivre et mourir un jour.

Aussi, quand mes deux fils aînés eurent quinze ans, je les envoyai à l'université d'Heidelberg, pour y étudier. Quand les deux autres, qui étaient jumeaux, eurent atteint le même âge, ils allèrent rejoindre leurs frères.

J'étais devenu vieux ; le prince bulgare, qui m'avait comblé de biens et d'honneurs, était mort, laissant le trône à son fils, auquel rien ne m'attachait désormais; et j'avais perdu ma femme, peu avant. Alors je me souvins des vexations endurées par mon père et sa race, sous prétexte d'une légende nébuleuse; je me rappelai l'acharnement de ses ennemis, sa mansuétude et celle de ses pères, et je songeai à le venger. J'avais quatre fils forts et vaillants, d'immenses richesses, une nuée de serviteurs bulgares qui ignoraient la langue allemande et qui ne pouvaient nous trahir vis-à-vis des paysans de Bohême. Je voulus être réellement le fils du diable et ressusciter le veneur noir.

Mes fils accoururent de l'université d'Heidelberg, j'arrivai moi-même ici du fond de la Bulgarie, une nuit, traînant à ma suite une armée d'esclaves et de domestiques. Mon château s'était écroulé tout-à-fait, pas un mur n'en était intact. Les vallées voisines recélaient de profondes cavernes qui nous servirent d'abri durant le jour et nous cachèrent à tous les yeux. La nuit, nous travâillames à rebâtir mon château.

Un bûcheron s'aperçut un matin qu'un mûr écrasé s'était redressé depuis la veille et qu'une tour rasée à demi avait crû d'une coudée.

Il s'enfuit effaré et prétendit que le diable s'était mis en tête de restaurer le castel de ses enfants.

La nouvelle se répandit. Les uns le crurent, d'autres haussèrent les épaules.

Le lendemain bon nombre de curieux

arrivèrent avec le lever du soleil : — les quatre tours étaient retoiturées...

La terreur gagna le pays.

Deux jours après, un bûcheron me vit passer dans une clairière vêtu comme le veneur noir, un masque sur le visage, pour cacher ma face de squelette, et tirant de ma trompe une étourdissante et sauvage fanfare.

La terreur devint générale.

J'organisai une grande chasse à courre, une chasse pareille à celle que vous avez vue hier et à laquelle vous avez assisté; seulement elle dura huit jours.

Pendant huit journées et huit nuits, mes piqueurs en veste rouge et mes veneurs en habits blancs parcoururent, la torche à la main, les forêts et les vallées, comme un ouragan de feu, arrachant aux échos environnants de lamentables et sinistres plaintes, et excitant cette meute formidable que vous avez vue à l'œuvre.

Mon château fut reconstruit tout entier en un mois ; mes voisins, qui, depuis des siècles, resserraient chaque jour mon domaine par des empiétements continuels, lâchèrent prise et reculèrent épouvantés. — Un paysan, qui, plus hardi, avait osé se placer sur mon passage, tomba raide mort en voyant soudain mon visage de squelette.

Pour tous, pour la superstitieuse Bohême tout entière, je devins le *Veneur noir*. La nuit, on voyait mon château flamboyer sur son roc comme un phare gigantesque ; le jour il était morne, silencieux, désert, menaçant et sombre aux rayons du soleil, comme ces fantômes qui, ayant trop dansé au Sabbat, se sont trouvés le matin les jambes raidies et dans l'impossibilité de retourner au cimetière pour s'y coucher tout de leur long dans leur tombe. Ceci dure depuis un an.

J'ai reconquis le vieux patrimoine de mes ancêtres, j'ai pris goût à la chasse, et maintenant je suis bien assuré qu'à dix lieues à la ronde on ne forcera jamais ni cerf ni daim.

Le veneur noir, ou plutôt le comte de Holdengrasburg, s'arrêta et regarda le baron de Nossac.

Le baron était toujours froid et hautain: il avait conservé son regard irrité et son front chargé de nuages.

— Ceci est fort bien, dit-il, mais ne m'explique nullement cette mystification dont vous avez voulu me rendre victime.

j'attends la lumière, monsieur le comte.

— L'explication est simple, baron. J'ai des espions un peu partout et sur toutes les routes ; j'ai su, avant qu'il ne fût exécuté, votre projet de délivrer le roi Stanislas ; je vous ai suivi pas à pas, je vous ai vu mettre votre plan à exécution avec une audace inouïe, et j'ai voulu savoir par moi-même jusqu'à quel point vous étiez brave.

— Êtes-vous assez satisfait ? demanda le baron avec un timbre d'ironie bien accentué.

— Au degré suprême. Je me plais à vous proclamer le plus intrépide gentilhomme du monde.

— Vous êtes mille fois trop bon. Seulement, puisque vous êtes en veine d'explications, vous me ferez bien, je l'espère, l'honneur de me dire qu'est-ce que c'est que toute cette comédie du cercueil, et cette trépassée qui danse et qui parle.

L'un des veneurs, Hermann, partit d'un éclat de rire :

— C'est ma maîtresse, une bonne et charmante fille que j'ai ramenée d'Heidelberg et qui a bien voulu se charger de ce rôle.

— C'est étrange ! murmura le baron, je croyais reconnaître sa voix...

— Ah ! par exemple !

— Sa voix ressemble à celle de ma femme défunte.

— Le hasard est bizarre, vous le savez.

— Soit. Mais cette même femme, trépassée ou non, est venue ici cette nuit, elle m'a étreint dans ses bras, elle m'a mordu au col et sucé comme un vampire.

Les quatre veneurs poussèrent un cri

de stupéfaction qui, sincère ou simulé, impressionna vivement le baron.

— C'est impossible, s'écrièrent-ils.

— Pourquoi impossible?

— Parce qu'elle n'est point sortie de ma chambre, dit Hermann, et que ce matin, elle est partie à cheval pour une excursion dans les environs, et ne reviendra que ce soir.

Le baron à son tour poussa un cri et courut à la glace qu'il avait déjà consultée.

— Tenez, dit-il, en montrant la plaie qu'il avait au col, voyez et touchez.

La surprise des veneurs augmenta, mais le comte de Holdengrasburg l'examina attentivement et s'écria :

— Ce n'est pas une morsure, c'est une piqûre!

Puis, courant au lit, il y trouva la pointe de l'épée qui sortait à demi de l'oreiller sous lequel le baron l'avait placée lui-même, et il se prit à rire :

— Baron, dit-il, vous étiez ivre hier soir, et vous avez eu le cauchemar toute la nuit. C'est votre épée qui est le vampire accusé par votre imagination.

— Ma foi ! répondit Nossac, il se passe autour de moi tant de choses extraordinaires, que je ne sais plus si je dors ou si je rêve.

— Vous ne rêvez plus, mais vous avez rêvé.

— Oh ! cependant, il me semble la sentir encore, là, près de moi, suçant mon sang et me disant : Vous avez le sang rose et frais...

— Erreur et folie !

— Mais, fit Nossac s'exaltant, me direz-vous aussi par quelle fantasmagorie étrange vous avez fait disparaître le roc désert que votre château domine, le torrent qui surplombe et la plaine sauvage qui l'environne, pour remplacer tout cela par ce site pastoral et mignard qui borne notre horizon ?

Les veneurs sourirent :

— Venez, dit le comte, vous aurez la clé de ce mystère par vos propres yeux.

Et il l'entraîna vers un appartement voisin, lui fit traverser plusieurs salles, d'où les décorations funèbres de la vieille avaient disparu, pour faire place à des tentures étincelantes du coloris oriental, représentant les mystères du Harem et les grandes chasses de l'Inde.

Puis il ouvrit soudain une croisée :

— Regardez, dit-il.

Le baron se pencha, et reconnut le paysage tourmenté de la veille.

Il eut alors tout naturellement l'explication de ce mystère incompréhensible jusque-là : le château avait deux façades et servait de limite à deux horizons bien distincts, l'un riant et calme, l'autre sinistre et abrupte.

— Je suis un sot, dit-il.

Puis, regardant de nouveau le comte :

— Monsieur, je trouve vos plaisanteries excessivement ingénieuses ; mais comme je ne crois point les avoir méritées, ni même provoquées, vous me permettrez de vous en demander compte. Un gentilhomme de ma trempe et de mon rang a peu de goût pour les mystifications de ce genre.

Les quatre veneurs se prirent à rire.

Ce rire exaspéra le baron, qui recula d'un pas et mit l'épée à la main.

Mais, au même instant, la porte s'ouvrit ; Rochen, l'éblouissante et pure jeune fille entra s'appuyant au bras de Wilhem.

L'épée échappa aux mains du baron interdit et fasciné.

XIII.

M. de Nossac sentit sa colère s'en aller et se fondre aux doux regards de la jeune fille, ainsi qu'un ouragan s'apaise et éteint ses hurlements aux premiers baisers d'un rayon de soleil qui filtre pâle et indécis au travers des nuages.

Il la regarda muet, presque confus de l'acte d'emportement qu'il venait de commettre, puis il envisagea Wilhem.

Wilhem ressemblait à Samuel d'une façon si surprenante, qu'il eût été impossible de les distinguer d'une manière nette et précise; ils avaient tous deux même sourire grave et mélancolique perlé d'une nuance d'ironie; ils avaient l'un et l'autre les grands yeux bleus de Roschen, et Roschen leur ressemblait aussi d'une façon frappante. Seulement, elle avait les traits plus fins encore, plus délicats, plus doux que ses frères.

De Wilhem et Samuel, le regard du baron se reporta aux trois autres veneurs.

Leurs figures étaient franches, souriantes, pleines de cette bonhommie courtoise qui paralyse l'irritation la plus grande.

M. de Nossac eut regret et honte de sa folle colère, et il fit un pas vers le comte d'Holdengrasburg :

— Mon cher hôte, lui dit-il cordialement, puisque vous vous êtes convaincu par vous-même de mon courage personnel, vous ne verrez, je l'espère, aucune couardise dans les excuses que je vous prie d'accepter pour ma sotte susceptibilité. Vos plaisanteries ont été dures peut-être, mais j'en ai assez honorablement triomphé pour n'exiger aucune réparation.

— A la bonne heure ! s'écria le comte gaiement, vous êtes le type accompli du gentilhomme français : brave et spirituel.

— Et si je regrette une chose dans votre métamorphose, c'est que le but dans lequel le veneur noir m'avait amené chez lui soit complétement changé.

La voix du baron s'altéra légèrement.

— Que voulez-vous dire? demanda le comte.

— Que le fils du diable m'avait mis au défi en me proposant d'épouser sa fille, — mais que le comte de Holdengrasbursg n'a plus aucun motif, sans doute, — le terrible et l'effrayant d'une alliance avec le diable étant écartés, — pour me faire la même proposition.

Et M. de Nossac jeta un triste regard à Roschen.

Mais le comte tendit expansivement la main au baron, et s'écria :

— Vous êtes plus que brave et spirituel, vous êtes encore doué d'une exquise délicatesse, monsieur le baron de Nossac, nous sommes d'assez vieille noblesse, riches et loyaux; nous recherchons l'honneur de votre alliance. Nous refuserez-vous?

M. de Nossac ne répondit pas et regarda Roschen d'un air suppliant.

— Acceptez! sembla-t-elle lui dire d'un signe imperceptible, tandis que l'incarnat de la pudeur montait à son front.

— Monsieur le comte, dit alors solennellement M. de Nossac, je vous supplie de m'accorder la main de mademoiselle Roschen, votre fille.

— Je vous l'accorde, baron, et tout l'honneur de cette alliance est pour ma maison.

Ces paroles prononcées, le comte prit la main de Roschen, la plaça dans celle de Nossac, et ajouta :

— Ne changeons rien à ce qui était convenu avec le fils de Satan : vous êtes fiancés ; nous célébrerons le mariage dans huit jours.

La satisfaction de M. de Nossac, le tressaillement de bonheur qui montait de son cœur, à sa tête, étaient tels en ce moment que la fantasmagorie de la veille et les bizarres événements dont il n'avait encore qu'imparfaitement le secret s'effacèrent de son esprit. Il se crut bien réellement chez un bon gentilhomme de Bohême, ouvert et brave homme, qui ne demandait pas mieux que de se débarrasser de sa fille et de ses millions, en faveur de quelqu'un de présentable.

— Maintenant, fit le comte en riant, il faut que je vous raconte la légende qui nous a fait surnommer, au moyen-âge, les fils du diable ; mais d'abord, si vous le jugez bon, nous descendrons dans le parc, où le déjeûner est servi sous une tonnelle de chevrefeuille et lilas. Donnez la main à votre fiancée, baron.

Samuel et William ouvrirent la marche, appuyés l'un sur l'autre, avec une affectueuse nonchalance toute féminine qui trahissait chez eux cette tendresse mystérieuse qu'ont entre eux les jumeaux.

Le comte prit le bras de son fils Hermann, et Conrad ferma la marche.

Le baron tombait de surprises en ébahissements à chaque pas : — le château si morne, si lugubre la veille, avait un air riant et guilleret, comme ces vieillards rajeunis par un nouveau mariage, qui s'épanouissent et font la roue au bras de leur jeune femme. La verte prairie qui le ceignait à demi et l'effleurait d'un baiser de verdure, semblait lui avoir envoyé la moitié de ses parfums et de sa vive lumière.

C'était bien toujours le castel des Veneurs, mais non plus des Veneurs noirs à face de squelette, les Veneurs qui semaient les degrés de leurs escaliers et les murs de leurs salles de larmes noires ou blanches, et qui avaient un écusson supporté par des boucs, ces coursiers du sabbat.

Les escaliers étaient de marbre blanc, jonchés de fleurs, éclairés par les rayons du soleil; les corridors tendus de magnifiques étoffes orientales aux couleurs vives, harmonieuses ; les salles de bains, les salons de réception, les chambres à coucher, — tout ce qu'ils traversèrent, tout ce que le comte montra à son hôte, avait un parfum de luxe qui excluait toute pensée funèbre.

Le comte conduisit son hôte dans le parc où, comme il l'avait dit, la table était dressée sous une tonnelle.

C'était un déjeûner oriental dans toute sa luxueuse simplicité. Les corbeilles de fruits, les vases de fleurs, les confitures du harem, les vins d'Albanie, que les mahométants ne boivent qu'en cachette ; tout cela miroitait, étincelait, faisant un double appel aux nobles instincts du peintre par la richesse et le velouté des couleurs, et aux exquises appétences du gourmet par les parfums pénétrants qui s'en dégageaient.

Le baron crut être sous un berceau des Porcherons, où quelque belle impure de l'Opéra aurait improvisé un déjeûner avec le tact et l'habileté merveilleuse d'une fée. Ce fut Roschen la belle et la naïve, qui fit les honneurs de celui-là avec la grâce embarrasée d'une jeune déesse s'asseyant pour la première fois à la table de Jupiter.

— A présent, dit le comte, écoutez la légende, mon cher baron. Vous verrez combien les hommes en général, et les poëtes en particulier, sont absurdes de mettre ainsi le diable à toutes sauces, comme si le diable avait jamais existé ailleurs que dans leur imagination.

— Voyons, fit Nossac curieux.

— Le château que vous voyez, reprit le comte, et que j'ai rebâti complétement, était, au temps des croisades, la demeure féodale d'un châtelain nommé comme moi, le comte Holdengrasburg.

Le comte était arrivé à l'âge mûr sans se marier. Un jour, il se prit à songer que des cohéritiers éloignés qui ne portaient point son nom attendaient, avides et impatiens, qu'il descendît au cercueil pour se partager ses dépouilles; — et il voulut prendre femme.

Il y avait dans le voisinage une jeune fille orpheline, aussi noble que pauvre, et qui filait soir et matin pour avoir de quoi se vêtir, tant la bourse de ses pères était arrivée en ses mains aplatie et mince.

Le comte lui demanda sa main et l'obtint. Les noces furent célébrées en grande pompe, et déjà le châtelain, qui y avait convié ses voisins et avait festoyé avec eux assez largement pour y voir double et oublier ses cinquante ans révolus, lorgnait d'un air tout guilleret le front rougissant et l'œil modestement baissé de sa jeune épouse.... Le couvre-feu allait sonner à son beffroi, quand la cloche du pont-levis prit les devants et résonna bruyamment, accompagnée des trois appels d'un cor.

— Ho! ho! fit le châtelain, qu'est-ce que cela, et qui me vient troubler ainsi?

C'était un message de l'empereur Frédéric Barberousse.

L'empereur ordonait à son féal, le comte de Holdengrasburg, d'avoir à réunir sur-le-champ ses hommes d'armes, écuyers et varlets, à la fin de se rendre auprès de lui et 'e suivre en Terre-Sainte.

Le comte jeta un regard de désespoir à sa jeune femme; mais, comme il était bon et loyal chevalier, il obéit à l'empereur, qui parlait et ordonnait au nom de Dieu. Il partit donc le jour même de ses noces, confiant la garde sa femme à un vieil écuyer grondeur et revêche, qui lui répondit, sur le salut de son âme, de son honheur conjugal; et à un jeune page, mélancolique et bien doux, qui répéta le même serment. Seulement, le viel écuyer, qui approchait de la tombe, tenait à sauver son âme et redoutait l'enfer bien plus que le jeune page, qui avait encore de longs jours à vivre et se disait, qu'après tout, être brûlé par les beaux yeux d'une châtelaine était chose assez agréable pour qu'on risquât de se rôtir d'une manière plus sérieuse un peu plus tard.

Le page, ayant fait ce raisonnement impie, regarda tant et de si languissante manière la châtelaine, que la châtelaine en fut touchée et pleura sur sa fatalité qui la séparait de si gentil damoiseau. Elle était honnête femme et le diable n'avait jamais songé à la tenter.

Le jeune page était bien hardi, vraiment. Il continua à regarder la châtelaine, et puis il soupira à émouvoir un bloc de granit, à tirer des larmes d'un œil d'usurier.

La châtelaine à son tour pleura et soupira, et puis elle finit, vaincue qu'elle était, par dire au jeune page :

— Que ferions-nous bien du vieux Conrad ?

Conrad était l'écuyer grondeur et dévôt, qui n'avait peur de rien et de personne, hormis du diable et de la mort ; — Conrad qui, gardien fidèle, faisait dresser chaque soir un lit de camp dans l'antichambre de sa jeune maîtresse.

Le jeune page était rusé autant qu'audacieux, et voici ce qui arriva :

Un soir, vers dix heures, mons Gonrad récitait dévotement ses prières, au coin du feu, où il était tout seul, quand un grand bruit se fit entendre dans la cheminée, et un être effrayant, vêtu de rouge des pieds à la tête, avec des cornes sur le front, des griffes aux pieds et aux mains et le visage comme un charbon éteint, tomba dans le feu et le traversa sans se brûler.

C'était le diable ! Et maître Conrad, qui avait souvent vu son image sur les portes de la cathédrale de Prague, le reconnut aussitôt et se prit à trembler.

— Maître, lui dit Satan, ton seigneur le comte de Holdengrasburg a été pris par les infidèles et il m'a invoqué pour le délivrer. Il m'a vendu pour sa rançon ton âme et le corps de son épouse.

— Mon âme ! s'écria Conrad épouvanté.

— Il en avait le droit, puisqu'il est ton seigneur.

— C'est juste, murmura Conrad défaillant.

— Or, poursuivit Satan, je ne tiens pas trop à ton âme, mais j'aime éperduement la châtelaine. Si tu veux déguerpir sur-le-champ et t'en aller loin de ce manoir, je te rendrai ton âme et te laisserai le droit de t'aller geler en Paradis. J'ai tant de jolies femmes chez moi que je ne tiens nullement à ta figure parcheminée de vieux satyre.

— Ma foi ! pensa l'écuyer Conrad, puisque mon seigneur et maître m'a joué le vilain tour de vendre mon âme, et que, d'ailleurs, il a également vendu sa femme, je crois que je suis dégagé de mon serment.

Et maître Conrad, qui n'avait qu'une estime fort médiocre pour l'atmosphère un peu chaude de l'enfer, pendit ses jambes à son col et laissa le champ libre au diable.

Le diable, parait-il, en profita, car le premier de mes ancêtres, celui qu'on nomma le Veneur noir parce qu'il portait une armure de cette couleur, un heaume représentant une tête de mort, et qu'il passa sa vie à chasser dans les bois, — le premier de mes ancêtres, dis-je, naquit l'année suivante.

Mais Conrad, une fois loin, n'avait pu retenir sa langue, et le bruit se répandit que la comtesse d'Holdengrasburg avait le diable pour amant.

Il n'y eut guère que le jeune page qui

se permit de douter d'une pareille alliance. Le page était incrédule.

M. de Nossac se mit à rire.

— Et le châtelain ? demanda-t-il.

— Le châtelain mourut aux croisades. On prétend même, ajouta le comte en riant, que saint Pierre lui refusa l'entrée du Paradis pour le punir d'avoir eu trop de confiance en son page et son écuyer.

— Bah ! fit Nossac, M. Poquelin de Molière a fait une comédie qu'on appelle *Sganarelle*, qui finit à peu près comme votre légende. Le mari y est battu et content. Reste à savoir si votre châtelain le fut.

En ce moment, le pas d'un cheval retentit derrière le berceau :

— Tiens, dit Hermann, voici Gretchen

de retour; elle ne devait revenir que ce soir.

— Qu'est-ce que Gretchen ?

— Votre trépassée d'hier, baron.

Le cheval s'arrêta devant le berceau même, et une femme aux cheveux noirs, au front blanc et pur comme l'ivoire, sauta lestement à terre.

C'était une ravissante fille de vingt-cinq à vingt-six ans, à la lèvre rouge, à l'œil profond et noir, à la démarche nonchalante et souple comme une allure de tigresse.

Elle entra, le sourire aux lèvres, dans le berceau de verdure et salua le baron avec une respectueuse familiarité.

A sa vue, le baron poussa un cri terrible, un cri d'effroi que n'avaient pu lui arracher ni les prodiges du Veneur noir, ni cette morte sortant du cercueil, ni toutes ces vertigineuses terreurs auxquelles il avait été en proie durant qurante-huit heures, un cri de douleur et d'angoises qui le fit pirouetter sur son siége, tomber à la renverse, et murmurer d'une voix éteinte et étranglée :

— Ma femme ! c'est ma femme !

XIV.

Les veneurs se regardèrent avec un étonnement qui, vrai ou joué, était tel, qu'il produisit sur le baron un contre-coup de surprise non moins violent.

Au milieu de son effroi, tout paralysé,

tout terrassé qu'il pût être par cette apparition, il n'en eut pas moins le temps de s'apercevoir que ses hôtes étaient frappés de stupeur et ne comprenaient absolument rien aux paroles qui venaient de lui échapper.

Quant à sa femme, ou plutôt à celle qu'il prenait pour sa femme, elle était tout aussi surprise, tout aussi naïvement étonnée, et elle regardait le baron d'un œil qui semblait lui dire :

— Où diable ai-je jamais pu vous épouser ?

M. de Nossac sentit ses cheveux se hérisser : ou ce n'était point sa femme, et alors la ressemblance était si parfaite que c'était à en devenir fou sur l'heure, — ou c'était elle, et alors, comme il l'avait vue morte et bien morte, comme il avait vu clouer sa bière et maçonner son caveau funéraire, il fallait renverser d'un souffle toutes les théories admises à l'endroit des morts et croire que madame la baronne Hélène de Nossac était sortie de sa tombe aussi belle, aussi jeune qu'elle y était descendue, pour venir tourmenter son infidèle époux et lui demander raison de ses outrages. Et c'était bien elle, cependant, si l'on en croyait la ressemblance : même taille, même port, même sourire hautain et calme, même regard assuré et profond, même fossette légère au menton, même voix, mêmes gestes...

Gretchen avait peut-être, de plus que la baronne, quelques lignes imperceptibles qui sillonnaient son front, attestant de précoces soucis.

Mais le cercueil n'avait-il pas pu les creuser?

Les huit personnes qui se trouvaient ainsi en présence demeurèrent longtemps silencieuses, mornes, pétrifiées : et encadrées qu'elles étaient par les touffes de lilas et de chèvrefeuilles qui grimpaient sur un invisible châssis et ornaient un berceau de verdure, on les eût aisément prises pour des statues de jardin.

Enfin, le comte de Holdengrasburg rompit le premier le silence de stupeur qui régnait sous le berceau, et dit au baron :

— Il est impossible, monsieur, que vous ne soyez point abusé par une ressemblance plus que bizarre.

— Vous... croyez... balbutia Nossac, pâle et haletant.

— Je le crois aussi, dit Gretchen ; j'ai

vu monsieur hier pour la première fois.

Au lieu de rassurer le baron, ces simples paroles redoublèrent son effroi :

— Oh ! fit-il, vous avez sa voix... c'est vous !

— Vous êtes fou ! dit-elle avec émotion ; je suis une pauvre fille d'Heidelberg qui n'a jamais vu la France, qui ne sait pas le français; comment voulez-vous que je sois votre femme ?

— Vous avez sa voix... vous avez son geste... son regard... ses moindres signes... murmurait toujours le baron.

— Folie ! dit Hermann. J'ai connu Gretchen alors qu'elle avait quinze ans à peine ; elle ne m'a jamais quitté.

M. de Nossac regarda Hermann. Hermann avait un visage ouvert et calme, — Hermann n'avait nullement l'air de mentir.

Puis il regarda tour-à-tour le comte et ses trois autres fils, et il lut sur leur physionomie la même assertion.

Puis son œil chercha l'œil de Roschen ; mais Roschen la rougeur au front, avait les yeux baissés et paraissait souffrir.

Le baron tressaillit, — mais il finit par se dire qu'il était le jouet d'une étrangeté du hasard, d'une ressemblance inouïe, — et il essaya de sourire.

— Pardonnez-moi, madame, mon sot effroi; mais j'ai l'esprit frappé depuis hier, et votre ressemblance merveilleuse avec la femme que j'ai perdue, jointe à un rêve que j'ai fait la nuit dernière et qui avait si bien l'apparence de la réalité qu'il m'a fallu l'assertion de ces messieurs pour n'y point croire, votre ressemblance, dis-je, jointe au rêve que j'ai fait, peut seule m'excuser.

— Un rêve? fit Gretchen étonnée.

— Oui, répondit Nossac; j'ai rêvé, j'ai cru voir, la nuit dernière, la porte de ma chambre s'ouvrir; vous êtes entrée, votre masque sur le visage; vous vous êtes couchée près de moi, et m'avez comme un vampire mordu à la gorge.

Gretchen poussa un cri d'horreur d'abord, — et puis un éclat de rire :

— Regardez-moi bien, monsieur le baron, dit-elle, et voyez si j'ai l'air d'un vampire le moins du monde ?

Le baron leva de nouveau les yeux sur elle...

Elle le regardait avec cette mélancolie suave et lascive qu'il se souvenait avoir vue dans les yeux de mademoiselle Borelli.

Et tressaillant de nouveau, il se prit à songer à sa femme morte de désespoir et de jalousie, à son indigne conduite envers elle... et il oublia Roschen une minute, — une minute, il se souvint des larmes qu'il avait versées sur le corps inanimé d'Hélène.

— Baron, dit le comte d'Holdengrasburg, interrompant brusquement les réflexions pénibles de M. de Nossac, assurez-vous bien et définitivement que notre pauvre Gretchen n'a rien de commun avec feu madame la baronne de Nossac. Chassez ensuite les souvenirs lugubres qui ont pu vous venir en mémoire, et allons, si vous le voulez bien, visiter mes domaines, ainsi qu'il était convenu avant déjeuner.

M. de Nossac leva les yeux sur Gretchen.

Gretchen était insouciante et calme.

— Madame, dit-il, sans pouvoir vaincre entièrement l'émotion qui le dominait, veuillez me permettre une question.

— Parlez, monsieur, dit Gretchen avec sa voix douce et mélancolique.

— Comment avez-vous pu me parler en termes aussi précis de ma femme, — hier soir?

Gretchen sourit.

— Demandez à Hermann, fit-elle.

— Monsieur le baron, dit Hermann, n'avez-vous point un ami qu'on nomme le marquis de Simiane?

— Oui bien, dit Nossac.

— Colonel de dragons?

— Sans doute.

— Et qui a fait la dernière campagne d'Allemagne?

— Certainement.

— Eh bien! comme nous vous l'avons déjà dit, mes frères et moi sommes des *studentes* de l'université d'Heidelberg. L'année dernière, M. de Simiane, blessé d'un coup de feu à l'épaule, vint se faire soigner à Heidelberg. J'étais un des aides-chirugiens qui le pansaient ; il me prit en amitié et m'engagea à continuer mes visites, même après sa convalescence.

Je lui envoyais Gretchen tous les soirs, et chaque fois qu'il la voyait, il lui échappait de dire : « Vous avez une vague ressemblance frappante avec feue la baronne de Nossac. »

— Vague ? il ne trouvait la ressemblance que vague ?

— Oui, certes.

— Il faut que j'aie l'esprit frappé, pensa le baron.

— Or, continua Hermann, un soir qu'il nous répétait cette phrase, nous lui demandâmes ce qu'était madame de Nossac ?

— Une femme morte vierge, nous répondit-il.

Et il nous conta l'histoire de votre mariage. Vous sentez que nous en avons profité hier soir, et que Gretchen, qui, toute bonne fille qu'elle est, a le caractère taquin et l'esprit railleur, n'a pas manqué de vous la répéter aussi complétement qu'elle pouvait la savoir.

Et Hermann prit dans ses mains d'hercule la taille souple de Gretchen, l'attira à lui et mit un baiser sur son front.

M. de Nossac tressaillit soudain et éprouva une vague douleur au cœur et à la tête.

Ce baiser lui avait fait mal ; — il en était jaloux.

Pourquoi ?

Il s'adressa sans doute et instantanément cette question, et la taxa, sans doute aussi, de folie ; car il porta vivement les yeux vers Roschen, comme s'il eût cherché une égide protectrice dans son regard et dans son amour contre de poignants souvenirs et l'image nouvelle qui les rappelait. Roschen était oppressée et souffrante, Roschen, les yeux baissés, écoutait haletante cette étrange explication qui avait lieu entre Hermann, Gretchen et le baron, et elle en paraissait plus affligée qu'étonnée.

— Allons! baron, dit le comte d'Holdengrasburg, offrez la main à votre fiancée... Il appuya sur ce mot et un éclair, qui échappa au baron, jaillit des yeux de Gretchen.

— Offrez la main à votre fiancée, reprit-il, et allons par la prairie, jusqu'au petit village que vous voyez là-bas et qui est habité par une colonie bulgare.

Le baron s'approcha de Roschen et prit sa main. La main de Roschen tremblait bien fort et son cœur battait à rompre.

Le baron remarqua cette émotion, mais il l'attribua à la scène qui venait d'avoir lieu et à l'effroi qui avait dû nécessairement en résulter pour la jeune fille.

Hermann et Gretchen sortirent les premiers du berceau et s'en allèrent à travers la prairie, à vingt ou trente pas en avant du baron et de Roschen qui marchaient oppressés et silencieux.

Gretchen s'appuyait sur l'épaule de son amant avec une molle langueur ; — elle lui parlait tantôt distinctement, lentement, de choses à peu près indifférentes ; — tantôt elle se penchait à son oreille et murmurait alors tout bas de suaves paroles d'amour que le baron, vu la distance, n'entendait pas, mais devinait. Car, au lieu de songer à Roschen, à Roschen, dont le bras frémissait sur son bras, dont il eût pu entendre les pulsations du cœur, tant elles étaient bruyantes, — le baron suivait d'un œil avide les moindres mouvements de Gretchen et d'Hermann ; il prêtait une oreille avide aux mots les plus insignifiants qu'une bouffée de vent lui apportait ; il tressaillait de colère aux petits éclats de rire frais, mutins, railleurs, que Gretchen éparpillait dans son coquet et gentil babil.

Et il souffrait, sans le savoir, le pauvre gentilhomme, et il se demandait sérieusement pourquoi il s'occupait ainsi de cette grisette d'Heidelberg riant au bras d'un étudiant.

Et, pendant ce temps, Roschen faisait des efforts inouïs pour vaincre, elle aussi, sa souffrance, ou, au moins, la dominer.

Et elle y parvint, et finit par ouvrir la bouche et parler à son cavalier.

Au son de cette voix, le baron parut se réveiller d'un sommeil pénible, et il oublia, à son tour, Gretchen une seconde, pour revenir à Roschen.

Il la regarda : elle était plus belle encore avec ce vermillon passager qui colorait ses joues et son front.

Alors il pressa doucement sa main et lui dit :

— Je dois vous paraître bien ridicule, mademoiselle.

— Vous? fit-elle avec émotion, pourquoi?

— Parce que je démens vos paroles d'hier : « Vous êtes brave comme un lion, » par mes folles appréhensions de tous les instants.

— Ce n'est point de la terreur, fit-elle doucement, c'est une simple émotion...

Un éclat de rire moqueur de Gretchen arriva au baron, comme il allait répondre à sa fiancée, et il se tut brusquement.

Roschen s'aperçut de cette interruption soudaine, elle vit le nuage qui passait sur le front du baron, et, tressaillant vivement :

— Monsieur, dit-elle, je voudrais bien vous parler seule à seul.

— Parlez, mademoiselle, répondit Nossac, rappelé malgré lui par ce timbre harmonieux qui distinguait la voix de Roschen.

— Oh! pas maintenant, fit-elle, pas maintenant...

— Pourquoi?

— On nous observe.

— Eh bien?

— Eh bien! si l'on savait ce que j'ai l'intention de vous dire...

Roschen s'arrêta frémissante...

— Si l'on savait? fit le baron anxieux.

— Je serais perdue! fit-elle avec terreur.

— Perdue?

— Wilhem me tuerait.

Nossac regarda Roschen. Roschen tremblait, mais elle le contemplait avec amour et semblait lui dire :

— Oh ! je braverai la mort pour vous... car je vous aime...

— Eh bien ! murmura-t-il tout bas, bien que je ne puisse ni deviner ni comprendre ce que vous voulez me dire, j'attendrai patiemment l'heure et le lieu où vous pourrez...

— Ce soir, dit-elle tout bas, chez vous...

— Bien, fit Nossac intrigué.

En ce moment ils arrivaient à la lisière de la forêt qui bornait la prairie, — et le baron vit Gretchen et Hermann disparaître derrière un bouquet de sapins.

Il se troubla et pâlit, un frémissement convulsif agita sa main qui pressait la main de Roschen — et Roschen devina quelle émotion jalouse venait de l'agiter.

— Mon Dieu ! murmura-t-elle tout bas, — si bas que Nossac lui-même ne l'entendit pas, — l'aimerait-il encore?

Elle s'arrêta frissonnante et la sueur au front.

— Et, reprit-elle, glacée, serais-je jalouse?

. . . .

XV.

A dix heures du soir, après un souper où, malgré ses efforts, il n'avait pu parvenir à être sobre, M. le baron de Nossac se retira dans sa chambre et ferma la porte au verrou.

— Ah ça! pensa-t-il, que veut dire tout cela et dans quel état se trouve mon pauvre cœur?

J'aimais ma femme, et Gretchen lui ressemble d'une manière si frappante, que je serais tenté d'aimer Gretchen... J'en étais jaloux aujourd'hui... J'ai horriblement souffert durant cette promenade à travers les bois et les prairies de mon hôte, pendant laquelle elle n'a pas quitté le bras de ce colosse de *Studens*.

Et cependant, ce n'est pas elle que j'aime, cela est impossible... J'aime Roschen... Roschen belle et pure entre toutes, Roschen qui m'a avoué son amour...

Le baron se frappa soudain le front:

— Que m'a-t-elle dit? qu'a-t-elle voulu me dire? et pourquoi cette terreur qui s'est emparée d'elle, à la simple pensée qu'on pourrait nous entendre... Wilhem la tuerait! disait-elle... Pourquoi Wilhem plutôt qu'un autre de ses frères!

Et le baron se prit à rêver :

— Elle va venir, sans doute, se dit-il... Elle viendra... elle me l'a dit.

En ce moment une pensée sinistre traversa l'esprit du baron ; il songea à Gretchen, qui, sans doute, était au bras d'Hermann, et il frémit de colère ; — et alors, comme il avait toute sa raison et qu'à tout prix il fallait chasser ce fantôme et refouler cette jalousie stupide, il appela l'image de Roschen à son aide et murmura :

— Roschen... Roschen... venez vite.

Mais Roschen ne vint pas, et le baron trouva sur son lit un imperceptible rouleau de papier, qu'il déplia d'un air distrait; — ce rouleau renfermait deux lignes sans signature et en français :

« Wilhem m'épie... Je n'irai pas ce soir... Nous verrons demain. »

— Wilhem ! toujours Wilhem ! murmura M. de Nossac avec colère. Quelle influence fatale ou maudite a-t-il donc sur sa sœur?...

Sa sœur!... est-ce sa sœur?

Et comme il sentait, à ce doute terrible, ses cheveux se hérisser, — de même que, pour fuir Gretchen, il s'était réfugié dans le souvenir de Roschen, — de même, pour échapper à ce doute qui l'assaillait, il se reprit à penser à Gretchen...

— Gretchen... murmura-t-il, vous aimerais-je? Mon Dieu ! vous aimerais-je?...

Et il se mit au lit avec cette pensée, — et, comme la veille, il sentit soudain une lourdeur étrange étreindre en cercles son cerveau comme un anneau de fer, — et il eut à peine la force de placer, suivant son habitude, son épée à son chevet.

Alors, comme ses soupçons sur Roschen s'étaient évanouis, il voulut encore songer à elle, la revoir en songe, dans toute la splendeur virginale de sa beauté... mais l'image évoquée de Roschen ne vint point ; Roschen s'effaça malgré lui de son souvenir ; Roschen disparut.

Et Gretchen, non plus la grisette rieuse de la prairie, mais Gretchen la pâle trépassée, Gretchen sortant de sa bière et belle avec son masque de velours et son bras d'albâtre aussi froid qu'une couleuvre, — Gretchen reprit un despotique empire sur son esprit impressionné, et fasciné, il s'écria :

— Gretchen !... Hélène... qui que tu sois... je t'aime...

Et tout aussitôt, qu'il dormît ou non, — la chose est difficile à préciser, à cause de son étrange malaise de corps et d'esprit, — tout aussitôt, comme si elle eût répondu à cette invitation, et bien que la porte fût fermée au verrou, Gretchen entra et marcha lentement vers le lit.

Le baron frissonna et voulut reculer; mais il se sentit paralysé dans tous ses membres, il essaya de fermer les yeux et ne put y parvenir, l'effroi rivait son regard au visage ardent et pâle de Gretchen.

Gretchen vivante, Hélène trépassée s'approcha du lit, se coucha silencieusement à côté du baron, lui mit sur le front un baiser glacé, puis l'enlaça de ses doigts de marbre et lui dit :

— La nuit dernière, je t'ai promis de revenir... Je reviens... Mais, sois tranquille, ton sang m'a fait du bien... Je le ménagerai !

Et, comme la veille, elle le mordit au col.

FIN DU PREMIER VOLUME.

Coulommiers. — Imprimerie de A. Moussin.

EN VENTE CHEZ LE MÊME ÉDITEUR, RUE COQUILLIÈRE, 34.

ALEXANDRE DUMAS père.

LA TULIPE NOIRE, très-joli roman complet en............ 3 vol. in-8.

EMMANUEL GONZALÈS.

ESAÜ LE LÉPREUX, ouvrage historique très-intéressant... 5 vol. in-8.
LES DEUX FAVORITES, ouvrage complétant Esaü......... 3 vol. in-8.
LE VENGEUR DU MARI ET LES CHERCHEURS D'OR... 3 vol. in-8.

PAUL DE KOCK.

L'AMANT DE LA LUNE, son chef-d'œuvre, terminé en.... 10 vol. in-8.
L'AMOUR QUI PASSE ET L'AMOUR QUI VIENT........ 2 vol. in-8.
LA FAMILLE GOGO, ouvrage complet................. 4 vol. in-8.
L'AMOUREUX TRANSI, ouvrage terminé............... 4 vol. in-8.
L'HOMME AUX TROIS CULOTES..................... 4 vol. in-12.
TAQUINET LE BOSSU, ouvrage terminé............... 2 vol. in-8.
SANS CRAVATE, ou le COMMISSIONNAIRE.............. 4 vol. in-8.

LÉON GOZLAN.

LA COMTESSE DE BRENNES......................... 3 vol. in-8.

MADAME LA COMTESSE DASH.

LA MARQUISE SANGLANTE, ouvrage complet.......... 3 vol. in-8.
LES AMOURS DE BUSSY-RABUTIN (terminé).......... 4 vol. in-8.
JEANNE MICHU, très-joli roman...................... 4 vol. in-8.

THÉOPHILE GAUTIER.

JEAN ET JEANNETTE (terminé)...................... 2 vol. in-8.

ALPHONSE KARR.

LA FAMILLE ALAIN (ouvrage complet)................ 3 vol. in-8.

MADAME CAMILLE BODIN.

ALICE DE LOSTANGE, ouvrage complet et inédit........ 2 vol. in-8.
FRANCINE DE PLAINVILLE (terminé) idem.......... 3 vol. in-8.

ROGER DE BEAUVOIR.

L'HOTEL PIMODAN, ouvrage complet................. 4 vol. in-8.
LE GARDE D'HONNEUR, ouvrage complet.............. 2 vol. in-8.

ALIZIA PAULI, par Paul Féval, ouvrage complet......... 4 vol. in-8.
LA DETTE DE JEU, par le bibliophile Jacob............ 2 vol. in-8.
LE CHATEAU DE MONTBRUN, par Elie Berthet........ 3 vol. in-8.

www.ingramcontent.com/pod-product-compliance
Lightning Source LLC
Chambersburg PA
CBHW060409170426
43199CB00013B/2060